ASIATISCHE GEWÜRZE
Schrittmacher unserer Vitalität

ASIATISCHE GEWÜRZE
Schrittmacher unserer Vitalität

Autoren:
Ute Fleischmann
Harry Haas
Eileen Candappa
Thetingtien
Nettie van de Weijer

Zeichnungen:
Konrad Holzinger

Wort und Welt Verlag Innsbruck

INHALT

ZEICHENERKLÄRUNG:

Gewürze

Rezepte

*„Der Schöpfer, der den Menschen
nötigt zu essen, um zu leben, lädt
ihn durch den Appetit dazu ein und
belohnt ihn durch den Genuß."*
                    A. Brillat-Savarin

EINLEITUNG

Was brachte uns die Industriegesellschaft? Unmenschliche
Arbeitsplätze, Produktentfremdung, Umweltverschmut-
zung, Doppelbelastung der Frau, Streß. Andererseits auch
mehr Geld, mehr Freiheit, mehr Luxus. Aber was machen
wir aus diesem Angebot? Man geht in den Supermarkt, kauft
Fertigprodukte, die teuer sind, jedoch fast keine Zubrei-
tungsarbeit verlangen. Nach der eilig verschlungenen Mahlzeit hetzt man gleich in die vielbejubelte Freizeit.
Was ist aus unseren Küchen geworden? Kostspieligen Labo-
ratorien gleichen sie? Hygienisch, sauber und praktisch. Und
braucht man einmal einen größeren Topf, so findet man keinen, weil die Fachhöhen keinen Platz dafür bieten. Dunstab-
zughauben sorgen dafür, daß ja kein Geruch durch die übrigen Räume strömt. Dabei sollte gerade die Küche die Urzelle
der gemütlichen Atmosphäre des Hauses sein.
In Asien ist die Situation noch gänzlich anders. Wo gekocht
wird, spielt sich das gesamte Familienleben ab. Man genießt
schon im voraus, wenn sich die verschiedenen Düfte
mischen. Gerade hier möchte dieses Büchlein anschließen.

10

Wollen wir dennoch kochen, also nicht vorgefertigte Speisen schnell aufwärmen, so greifen wir zumindest zur Gewürzmischung, von deren Zusammensetzung wir keine blasse Ahnung haben. Denn im Laufe unserer Zivilisationsentwicklung ging das Wissen über den Gebrauch von Gewürzen weitgehendst verloren. Das „Wildgewürz", „Brathuhngewürz" und was es sonst noch so alles auf dem Markt gibt, nehmen uns die genußvolle, gekonnte Auswahl, welches Gewürz wohl am besten zur jeweiligen Speise passen würde. Freilich, die Einheitsmischung spart Zeit.

Gewürze aber bieten noch weit mehr als bloß Aroma und guten Geschmack. Bei regelmäßigem Gebrauch fördern sie Gesundheit und Wohlbefinden. Darüberhinaus können sie uns Asien und den Fernen Osten näherbringen.

Die internationale und auch interkulturelle Gruppe, die für den Inhalt dieses Buches verantwortlich ist, will nicht um jeden Preis exotische Speisen propagieren oder Asien verherrlichen. Eileen Candappa (Colombo, Sri Lanka) lebte 25 Jahre in England, Deutschland und in den Niederlanden. Sie ist Autorin einer Reihe von Bestseller-Kochbüchern, hauptsächlich in deutscher Sprache. Ute Fleischmann (Salzburg,

Österreich) studierte Völkerkunde in Wien. Sie schrieb über die Ernährung einer Dorfgemeinschaft im Gujarat, Indien. Harry Haas (Schaesberg, Niederlande), ein katholischer Priester, ist in Meditation, Gruppendynamik und im gemeinsamen Kochen sehr erfahren. Thetingtien (Semarang, Indonesien) ist Kunstmalerin, Pianistin, Designer und Fußreflexzonen-Masseuse in Paris. Nettie van de Weijer (Bingelrade, Niederlande) studierte Theologie. Sie beschäftigt sich intensiv mit Eßkultur.

OST UND WEST

Gutes Essen ist gut – bei uns, in Asien, sonstwo. Aber während sich bei uns Hast, Lieblosigkeit und Eintönigkeit beim Kochen und Essen breitmachen, werden in Asien Muse, Sorgfalt und Abwechslung gepflegt. Die asiatischen Hausfrauen haben dadurch eine gänzlich andere Beziehung zu ihrem Essen als wir. Sie müssen alles selbst stoßen, reiben, schneiden. Sie sind täglich einige Stunden nur mit der Essenszubereitung beschäftigt. Wir dagegen benützen weitgehendst Hilfen wie Mixer, Schneidemaschinen, elektrische Mühlen und Rührgeräte, die wie Geister aus einer anderen Welt für uns die Arbeit tun.

Durch diese Entwicklung hier in Europa werden die überlieferten, behaglichen und phantasievollen Essenstraditionen achtlos beiseite geschoben. Die aggressive Werbung der Lebensmittelindustrie degradiert die Hausfrau, einst Alleinherrscherin in der Küche, zur willenlosen Vollstreckerin. Individualität ist in der Küche nicht mehr „in". Der Einheitsgeschmack ist im Vormarsch. Davon scheinen Deutschland, die Niederlande und England besonders betroffen zu sein. In konservativeren Ländern, in denen man Traditionen noch schätzt – aus welchen Gründen auch immer –, ist man noch mehr mit den verschiedensten Kräutern und Gewürzen, die Speisen einerseits bekömmlicher, andererseits leckerer machen, vertraut.

Asien hat, wie auf den Gebieten der Meditation, Massage und Bewegung, auch beim Essen eine eigene Kultur entwickelt, die auf dem Gebrauch von Gewürzen, sowohl als Geschmackselement als auch als Arzneimittel beruht.

Die Autoren wollen weder einen Feldzug gegen die westliche Eßkultur beginnen, noch die asiatische Küche ideologisieren. Denn sie alle lieben gutes asiatisches und gutes europäisches Essen. Essen kann, wie manches andere Kulturgut, als eine Art Spiegel betrachtet werden, in dem man seine eigene Kultur wiedererkennt. Durch das Zusammenrücken der Welt wird das Vergleichen leichter gemacht. Unsere Generation ist die erste, die durch die moderne Technik in die Lage versetzt wird, von dieser gebotenen Gelegenheit Gebrauch zu machen. Es soll ein bescheidener Versuch gemacht werden, die eigene Kultur durch das Kennenlernen einer anderen neu zu entdecken.

Immer häufiger finden sich bei uns Gruppen, die Interesse an den Spezereien des Mittelalters zeigen. Warum kocht man in solchen Gemeinschaften nicht traditionelle mitteleuropäische Gerichte, sondern meist exotische? Fühlt man instinktiv, daß hier bei uns etwas verlorengegangen ist, das man in Asien noch kennt? Ist es die Identifizierung mit dem hergestellten Produkt, was uns so anzieht? Wir zeigen bewußt im letzten Kapitel eine kleine Auswahl von durchaus bekannten Gerichten, selbstverständlich mit einer ausgewogenen Mischung von Gewürzen, die früher natürlich von Haushalt zu Haushalt verschieden war.

Es ist bezeichnend, daß uns zuerst einmal Curry einfällt, wenn wir an asiatische Speisen denken. Curry ist wohl das bei uns am meisten verwendete exotische Gewürz. Aber wie in der Kolonialzeit bringt man auch heute noch Waren nach Europa, ohne die damit verbundene „Kultur" mitzuliefern. Ganz zu schweigen vom Wissen um den medizinischen Wert. Die Buchhandlungen sind zwar überfüllt mit Kräuter- und Gewürzbüchern, aber sie alle systematisieren zu viel. Ein Gewürz wird selten allein gegessen. Es enfaltet seine Macht und Kraft erst zusammen mit anderen. Und hier liegt unser Hauptanliegen. Die Rezepte haben ihren notwendigen Platz in diesem Buch, sie sollen den Leser stufenweise in den praktischen Gebrauch von Gewürzen einführen.

MEDIZINISCHES

Aus mehreren Gründen kann dieses Buch kein medizinisches Werk sein. Zuallererst hat es nicht die Therapie im Auge, sondern die Gesundheit und das Wohlbefinden. Warum sollte man nicht würzen, wenn es gut schmeckt und obendrein gesund ist? Kochen und Essen scheinen der einfachste Weg zu sein, ein breites Publikum in die medizinische Welt der Gewürze einzuführen. Ein Publikum, das diese Gewürze benützt, ohne zu wissen, welche Kräfte in ihnen stecken. Schließlich sind auch Krankheiten nicht das Arbeitsfeld der Autoren. Sie weisen nur auf jene gesundheitlichen Aspekte hin, die allgemein bekannt sind und ohnehin in der Fachliteratur beschrieben werden. Jenen, die weitere Informationen wünschen, wird empfohlen, sich an die entsprechenden Fachleute zu wenden.

GESUNDHEIT

Unsere Gesundheit steht nicht allein und losgelöst von Körper, Geist und Seele. Gesundheit ist nur eine Facette des gesamten menschlichen Seins. Wir sind aber andererseits von unserer Gesundheit abhängig und sollten schon aus diesem Grund alles daransetzen, sie zu erhalten, mindestens aber zu unterstützen. Wir möchten hier einen der vielen möglichen Wege aufzeigen, wie man mit Gewürzen wieder in einen Dialog mit dem eigenen Körper kommen kann. Es findet sich hier nichts, was mit einer effektvollen, schnell wirkenden Kur vergleichbar wäre. Es gibt aber einige Vorschläge zur Linderung bei Erkältungen, Durchfall, Verstopfung etc. zu finden. Doch das wichtigste für die Gesundheit ist die Kunst zu leben.

La Turbie, Frankreich, August 1982
und Braunau, Oberösterreich, Jänner 1986

ESSEN UND GEWÜRZE

ESSEN – MEHR ALS NAHRUNGSZUFUHR

Im Verlaufe unserer Zivilisation änderten sich unsere Essenstraditionen sehr stark. Zwar gibt man mehr Geld denn je fürs Essen aus, doch schmeckt dieses immer eintöniger und langweiliger. Die standardisierte Mahlzeit wird propagiert – sie sättigt, aber man genießt sie nicht.

Ja, man erinnert sich kurz danach oft nicht einmal mehr, was man gegessen hat. Und trotzdem sind wir häufig der Meinung, daß nur wir im Besitz von Eßkultur wären. Ein wesentlicher Teil der Eßkultur unter den armen Völkern der Erde ist die Gastfreundschaft. Und gerade sie ist trotz des weltweiten Hungers lebendig geblieben. Bei uns hingegen schwindet sie durch das industrielle Vorportionieren der Fertigspeisen.

Curry

Im Westen ist Curry das bekannteste asiatische „Gewürz", und dennoch weiß kaum jemand, daß es sich um eine Gewürzmischung handelt, die von den Engländern aus

16

Bequemlichkeitsgründen nach ihrer Kolonialherrschaft in Indien erfunden wurde. Unter Curry versteht man nämlich in Indien eine Zubereitungsart, die unserem Gulyas etwas ähnlich ist. Ein Currygericht muß auch nicht gelb, sondern kann orange bis rot sein, je nachdem, wieviele Chillies verwendet werden.

Sri Lanka hingegen hat sich der englischen Kultur gründlicher angepaßt. Hier kennt man das Currypulver, nur stellt sich jede Hausfrau ihre eigene individuelle Mischung her. Sri Lanka-Curry ist braun.

Da ein guter Curry eine große Anzahl harmonisch ausgewogener Gewürze enthält, ist er bestens geeignet, Speisen geschmacklich zu vollenden. Eine kleine Menge dieser Gewürzmischung unter eine Speise gerührt, rundet die Harmonie des Ganzen bestens ab.

Curry (Sri Lanka)

Zutaten: *100 g Korianderkörner, 2 Eßl. Kümmel, 2 Eßl. Kreuzkümmel, 2 Eßl. Bockshornkleesamen, 1 Eßl. schwarze Pfefferkörner, 12 getrocknete rote Chillies, 12 Nelken, 12 Kardamomkapseln, einige Curryblätter oder 2 Lorbeerblätter, etwas Zitronengras, wenn erhältlich etwas Pandanus.*

Zubereitung: Alle Zutaten in einer nicht gefetteten Pfanne solgange rösten, bis die Körner braun werden. Vorsicht! Kreuzkümmel und Koriander brennen leicht an.

Die Gewürze auskühlen lassen und in einem Mörser zu Pulver zerstoßen. Den Curry in lichtgeschützte Gläser füllen und gut verschließen.

WIE WIR SCHMECKEN

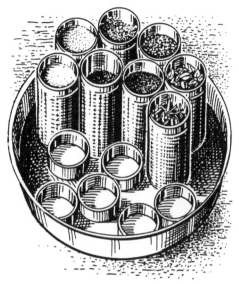

Der Mund – Zunge und Gaumen – ist mit etwa 10.000 Geschmacksknospen ausgestattet. Jede Knospe hat ihre eigene Geschmacksempfindung. Es gibt vier Grundempfindungen: süß, sauer, bitter, salzig.

Süß und salzig schmeckt die Spitze der Zunge, sauer wird besonders an den Rändern empfunden, während die Zungenwurzel das Bittere erkennt. Süß und salzig werden sofort wahrgenommen, schmecken aber nicht lange nach. Bitter spürt man relativ spät, wirkt aber sehr lange nach.

In Asien bedeutet „reicher Geschmack" nicht Übermaß *eines* Gewürzes, z. B. von Salz oder Pfeffer, sondern eine ausgewogene Mischung *vieler* Geschmacksrichtungen. Das beste Beispiel für Geschmacksreichtum stellt ein gutes Currygericht dar, worin sich viele Gewürze mit sehr verschiedenem Charakter zu einer abgerundeten, aromatischen Komposition verbinden. Ein reicher Geschmack spricht alle Geschmacksknospen gleichzeitig an. Selbstverständlich müssen sich Zunge und Gaumen erst an solche Feinheiten, aber auch an Üppigkeiten gewöhnen.

Sechs Gewürzgruppen

säuerlich: Zitronengras, Curryblätter, Pandanus (in Österreich kaum erhältlich)
herb-süß: Zimt, Kardamom, Nelken
bitter: Gelbwurzel, Bockshornkleesamen
scharf: Chilly, Pfeffer, Ingwer
aromatisch: Koriander, Kreuzkümmel
salzig: Salz

Hühnercurry (Indien)

Zutaten: *ca. 1,50 kg Hühnerkeulen oder entbeinte, geteilte Hühnerbrüste, ⅛ l Pflanzenöl, ca. 3 Teel. Salz, 225 g feingehackte Zwiebeln, 1 Eßl. feingehackter Knoblauch, eine Prise Ingwerpulver, 1 Teel. gemahlener Kreuzkümmel, 1 Teel. Gelbwurzel, 1 Teel. gemahlener Koriander, ¼ Teel. Cayennepfeffer, 300 g kleingehackte frische Tomaten, 2 Eßl. feingehackte Petersilie, ⅛ l Sauerrahm, 1 Teel. Garam Masala (siehe Kapitel „Rösten"), 1 Eßl. frischer Zitronensaft.*

Zubereitung: Hühnerteile waschen, trockentupfen und mit 2 Teel. Salz gut einreiben. In einer Pfanne Öl erhitzen und das Fleisch darin 3 bis 4 Minuten unter ständigem Wenden anbraten, bis es weiß und etwas fest ist. Die gebratenen Teile aus dem Fett nehmen und auf einen Teller legen.
In dem verbliebenen Öl zuerst Zwiebeln, dann Knoblauch und schließlich Ingwer zusammen braun rösten. Hitze reduzieren und restliche pulverisierte Gewürze unter ständigem Rühren ca. 1 Minute erhitzen. Tomaten, 1 Eßl. Petersilie (in Indien Korianderblätter), restliches Salz und Sauerrahm dazurühren.

Hitze wieder etwas verstärken, die angebratenen Hühnerteile mit dem sich gesammelten Saft in die Sauce geben. Zum Kochen bringen. Nun Garam Masala und restliche Petersilie darüberstreuen, die Platte auf niedrige Temperatur schalten, die Pfanne gut verschließen und ca. 20 Minuten lang köcheln lassen, bis das Fleisch zart ist, aber noch nicht zerfällt, mit Sauce übergießen und mit Zitronensaft beträufeln.

WAS SAGT UNSER KÖRPER?

Wie gehaltvoll auch immer asiatisches Essen sein mag, es liegt einem selten im Magen. Verantwortlich zeichnen dafür die mit Sorgfalt ausgewählten Gewürze. Die meisten sind der Verdauung förderlich. Ein wichtiger Punkt bei unserer ungesunden, sitzenden Lebensweise und ballastarmen Ernährung.

Duft und Geschmack eines Essens sind engstens miteinander verbunden. Gewürze sollen beim Kochen schon wegen ihres Aromas mit besonderer Liebe behandelt werden. Die Nase schaltet sich ein und bittet das Gehirn, mit dem sie sich gut versteht, den Körper zu verständigen, daß etwas Gutes im Entstehen ist. Das Wasser rinnt einem schon im Mund zusammen, und der Magen beginnt zu arbeiten. Ist der Bissen im Mund, riecht man nochmals. Jetzt durch die Gaumenöffnungen.

Eine Reihe von Gewürzen hat darüberhinaus Eigenschaften, die den Magen direkt bei der Verdauung unterstützen, andere wieder regulieren den Kreislauf, fördern die Aufnahmefähigkeit des Blutes für Nahrungsstoffe oder stärken Blase und Niere.

Koriander

Koriander ist aromatisch und leicht süß. Er stärkt den Magen, indem er ihm hilft, Magensaft zu produzieren, verhindert Blähungen und fördert die Verdauung. Seine volle Stärke zeigt er als harntreibendes Mittel. Er macht schwerverdauliche Speisen, wie z. B. fetten Schweinebraten, leichter verträglich. Nicht umsonst wird er bei uns als klassisches Brotgewürz verwendet. Aber auch für blähendes Gemüse, wie Kohl, Kraut, Hülsenfrüchte und Karfiol, ist er bestens geeignet.

In der indischen Küche wird Koriander fast in jede Speise gegeben. Nicht nur die Samenkörner finden Verwendung, sondern auch die stark riechenden, grünen Blätter.

Linsengemüse (dhal, Sri Lanka)

Getrocknete Linsen gehören zu den Grundnahrungsmitteln großer Gebiete Asiens – von der Türkei ostwärts. Sie sind eiweißhältig, halten sich gut, nur benötigt man relativ viel Zeit für ihre Zubereitung, aber auch, um sie zu verdauen.

Sie sind das Nationalgericht Indiens. Die roten Linsen sind im Geschmack feiner als ihre braunen europäischen Schwestern.

Zutaten: *½ kg rote Linsen, 2 Zwiebeln, 2 grüne Chillies, 4 Knoblauchzehen, 2 Teel. schwarze Senfkörner, ersatzweise weiße Senfkörner, 2 Teel. Kreuzkümmelpulver, 2 Teel. Korianderpulver, ½ Teel. Gelbwurzelpulver, 1 Teel. schwarze Pfefferkörner, einige Curryblätter, ersatzweise 2 Lorbeerblätter, ½ Tasse Kondensmilch, Salz.*

Zubereitung: Die Linsen solange waschen, bis kein Schaum mehr entsteht. Nun kommen Pfefferkörner und Gelbwurzelpulver, zusammen mit der Hälfte der kleingeschnittenen Zwiebeln und des zerdrückten Knoblauchs, und die Chillies, die Lorbeerblätter und das Korianderpulver dazu. Alles mit soviel Wasser, daß die Linsen bedeckt sind, kochen lassen. Sind die Linsen gelb (sie verfärben sich beim Kochen), die restlichen Zutaten in etwas Öl anrösten und beifügen. Sind die Linsen weich, mit Kondensmilch binden und salzen.

SCHARF UND MILD

Asiatisches Essen hat den Ruf, scharf zu sein. Es gibt aber auch weniger „höllische" Gegenden, wie Nordindien, Nordchina und Japan. In den übrigen Teilen Asiens ist man auch nicht glücklich, wenn Pfeffer und Chillies den Gaumen verbrennen. Mit Hilfe anderer Gewürze wirkt man der Schärfe entgegen. Und was davon bleibt, ist Wärme. Innerhalb eines Menüs werden milde und scharfe Rezepte angeboten, damit sich die verschiedenen Empfindungen ergänzen.

Ein gutes Essen – so sagt man in Indien – soll wie das Leben sein. Abwechslung und Gegensätze sind wichtig. Denn Einseitigkeit bringt Langeweile, schläfert ein und macht stumpf. Es gibt zwei bescheidene Helfer gegen zu heftige Pfefferschärfe. Koriander und Kreuzkümmel nehmen ihm etwas die Bissigkeit. Und ist das Essen einmal zu scharf geworden, so greifen Sie nicht wie ein Feuerwehrmann zum Wasser, es würde nichts nützen. Etwas Milch, eine Banane oder ein Löffel Kokosflocken sind die einzigen Retter in der Not.

Chilly, Cayennepfeffer

Chilly ist das schärfste Gewürz, das wir kennen. Seine ätherischen Öle können Hautjucken und Augenbrennen verursachen. Man sollte bei empfindlicher Haut also Gummihandschuhe tragen, während man mit Chillies hantiert.

Getrocknete, rote Chillies dürfen nur mit kaltem Wasser abgespült werden. Heißes Wasser kann zusammen mit den getrockneten Schoten Dämpfe entwickeln, die Nase und Augen reizen. Unter fließendem, kaltem Wasser wird von jeder Frucht der Stiel entfernt. Der schärfste Teil der Chillies sind die Samen. Will man sie entfernen, bricht man einfach die Schote in zwei Teile und kratzt sie aus. Nun kann man die Chillies klein schneiden oder im Mörser zerstampfen.

Die frischen Schoten heißen Chilly, im gemahlenen Zustand spricht man vom Cayennepfeffer. Cayennepfeffer ist ungefähr 20mal schärfer als der schärfste Paprika.

Die im Westen weit verbreitete Meinung, daß ein scharfes Gewürz wie Chilly den Magen angreift, wird durch die Tatsache widerlegt, daß in Asien Magengeschwüre fast unbekannt sind. Diese sind wohl mehr Kinder unserer westlichen

Zivilisation. Chilly ist ein ausgesprochen gesundes Gewürz. Es regt die Speichel- und Magensaftproduktion an, tötet alle schädlichen Bakterien und Eingeweideschmarotzer und hilft dem Magen die Speisen zu verdauen. Bei niedrigem Blutdruck ist er ebenfalls sehr zu empfehlen.

Chilly ist auch bestens als Konservierungsmittel geeignet. Speisen mit Chilly oder Cayennepfeffer werden kaum von Fäulnisbakterien befallen. Trotz der guten Eigenschaften des Chillies sollte man vorsichtig im Gebrauch so ungewohnt scharfer Gewürze sein. Seine Verwendung ist hauptsächlich auf salzige Speisen beschränkt. Für Eier, Fisch, Gemüse, Grillsaucen und als Einmachgewürz für saures Gemüse ist er bestens geeignet.

Kokosnuß-Sambal (Sri Lanka)

Geriebene oder getrocknete Kokosnuß ist herrlich kühl und süß. Sie schwächt als Beilage die Curryschärfe ab. Auch als Brotaufstrich schmeckt sie lecker. Sie nehmen 100 g geriebene Kokosflocken, schneiden eine kleine Zwiebel ganz fein und mischen noch 2 zerriebene Knoblauchzehen und etwas Ingwer dazu. So schnell ist ein einfacher, aber für uns sehr unkonventioneller Brotaufstrich fertig.

Als Beilage für ein komplettes Curryessen können Sie zwischen sehr scharfem oder sehr mildem Sambal wählen.

Scharf:

Zutaten: *100 g Kokosflocken, ½ Teel. Cayennepfeffer, ½ Teel. Gelbwurzelpulver, 2 Teel. Kreuzkümmel, etwas Zitronensaft, Salz.*

Zubereitung: Getrocknete Kokosflocken ca. 15 Minuten in wenig Wasser einweichen. Alle Zutaten dann gut damit vermischen.

Mild:

Zutaten: *100 g Kokosflocken, ½ Teel. Gelbwurzelpulver, 2 Teel. Kreuzkümmel, einige Curryblätter, ersatzweise ½ Lorbeerblatt, 1 Teel. schwarze Senfkörner, ersatzweise weiße Senfkörner, Zitronensaft, 1 kleine Zwiebel, fein gehackt, Salz.*

Zubereitung: Zwiebeln, Curryblätter und Senfkörner in etwas Öl rösten. Wenn die Senfkörner zu springen beginnen, Kreuzkümmel und Gelbwurzelpulver dazumischen. Dann eingeweichte Kokosflocken mit Zitrone und Salz untermischen.

ZUBEREITUNGSARTEN
REIBEN

Die indische Hausfrau hat nicht nur getrocknete Gewürze zur Verfügung, sondern – unseren saisongebundenen Gartenkräutern ähnlich – auch frische. Vor jedem Kochen wird, der Speise entsprechend, eine frische Gewürzpaste hergestellt. Zwiebel, Knoblauch, frischer Ingwer, Korianderblätter, Zitronengras usw. werden in einem Steinmörser oder auf einer Granitplatte zerrieben. Unsere Art, auf einem Reibeisen zu reiben, ist der indischen Hausfrau nicht geläufig. Obwohl das Reiben zwischen zwei schweren Steinen, wobei man auf dem Boden hockt, keine leichte Arbeit ist, sitzen die Asiatinnen völlig gelassen und entspannt und geben sich der gleichmäßigen Bewegung hin. Nichts ist verkrampft, und ihr Körper dankt es ihnen. Bis ins hohe Alter bleiben die Frauen geschmeidig und elegant in ihren Bewegungen.

Knoblauch

Knoblauch ist das älteste, angesehenste und medizinisch wertvollste Gewürz. Es ist deshalb erstaunlich, daß in manchen Gebieten des Westens Knoblauch abgelehnt wird. Liegt der Grund dafür in seinem aufdringlichen Geruch? Aber nicht nur in Europa gibt es ein Nord-Süd-Gefälle in bezug auf den Knoblauchkonsum, auch in Asien ißt man im Süden viel mehr Knoblauch als im Norden. Gegen den störenden Mundgeruch kennen die Inder ein sehr einfaches, aber wirksames Mittel. Nach dem Essen wird neben Kreuzkümmel, der die Verdauung erleichtert, Kardamom angeboten. Man muß nur einige Samenkörner zerbeißen um wieder frischen Atem zu haben.

Knoblauch stimuliert und reguliert die Magentätigkeit, kämpft gegen Bakterien, tötet Würmer und stabilisiert den Blutdruck. Knoblauch ist ein echtes Allround-Mittel. Er hilft bei völlig gegensätzlichen Beschwerden gleich gut. Man soll ihn sowohl bei Durchfall als auch bei Verstopfung, bei zu hohem und bei zu niedrigem Blutdruck essen. Knoblauch zeigt aber seine antibakterielle Wirkung nicht nur in unseren Organen, sondern auch im Garten. Einige unter Rosen eingesetzte Knoblauchpflanzen verhindern den von Rosenliebhabern so gefürchteten Mehltau.

Über die Verwendung von Knoblauch in der Küche zu sprechen, ist wohl nicht nötig. Jedes Fleisch, viele Gemüse und Salate werden gehaltvoller, wenn wenigstens ein Hauch von Knoblauch zugegeben wird.

Vindaloo-Paste (Indien)

Zutaten: *2 Zwiebeln, 4 Knoblauchzehen, 1 grüner Chilly, ein nußgroßes Stück frischer Ingwer, ersatzweise 1 Teel. Ingwerpulver, 3 Kardamomkapseln, 3 Nelken, eine mittlere Zimtrinde, einige Curryblätter, ersatzweise 2 Lor-*

beerblätter, 5 Zitronengräser, 1 Teel. Gelbwurzel, ½ Teel.
Cayennepfeffer, 2 Teel. Kreuzkümmel, 1 Eßl. schwarzes
Senfpulver, ersatzweise weißes Senfpulver, ½ Tasse Essig, ½
Tasse Öl, 1 bis 2 Eßl. Tomatenmark.

Zubereitung: Zwiebeln, Knoblauch, Chilly und Ingwer zusammenreiben, dann die pulverisierten Gewürze, Essig und Öl daruntermischen. Kardamomkapseln öffnen und die Samen zusammen mit Nelken, Zimtrinde, Curryblättern und Zitronengras in einer fettlosen Pfanne etwas anrösten und ausgekühlt zerreiben oder zerstoßen. Dieses Pulver und die schon pulverisierten Gewürze zur Paste mischen. Sie kann in einem gut verschlossenen Glas längere Zeit aufbewahrt werden.

Diese Gewürzpaste nimmt man als Grundlage für Schweinefleisch-, Lamm- und/oder Huhngerichte.

SCHNEIDEN

Die asiatische Küche mit ihren vielen Gewürzen, Gemüsen und den mundgerecht vorbereiteten Fleischstückchen bringt beträchtliche Schneidearbeit mit sich. Diese Art des Kochens bewirkt ein hohes Maß harmonischer Verbindung der verschiedenen Aromata und Geschmacksrichtungen.

Schneiden ist aber nicht nur ein Verfahren, so schnell wie möglich Dinge klein zu bekommen – es ist auch eine

Frage des Fingerspitzengefühls. Gut, regelmäßig und methodisch zu schneiden, ist eine Körperübung höchster Anforderung. Rücken und Nacken sind voll daran beteiligt. Es ist wie beim Holzhacken, Schaufeln und Graben – man kann sich dabei zugrunde richten, wenn alle Muskeln verkrampft und verspannt werden, weil man die Arbeit so schnell wie möglich hinter sich bringen will, man kann dadurch aber auch seine Geschmeidigkeit verbessern.

Ingwer

Ingwer ist wie Knoblauch ein sehr altes Gewürz. In China stellt er sogar eines der Hauptgewürze dar. In Österreich würzt Ingwer das traditionelle Weihnachtsgebäck. Leider wird das geschmackvolle Gewürz bei uns sonst sehr vernachlässigt.

Die interessantesten Merkmale der Ingwerwurzel sind scharf-süßes Aroma und kreislaufanregende Wirkung. Daher gilt sie im Orient als Aphrodisiakum.

Durch den Genuß von Ingwer werden die Verdauungssäfte in Mund und Magen angeregt. Er verhindert auch Blähungen. Ingwer gilt als gutes Mittel bei Fieber und Erkältungen. Gibt man Ingwerpulver in heißen Tee, so fördert es das Schwitzen. Nach Deutschland ist Ingwer wahrscheinlich im neunten Jahrhundert gekommen; er wurde neben anderen Gewürzen verschwenderisch benutzt. Schon im Mittelalter kannte man die auch heute noch angewendete Methode des Kalkens der getrockneten Ingwerwurzel, um sie haltbarer zu machen.

In den arabischen Ländern ist Ingwer ein sehr beliebtes Kaffeegewürz. Man sieht das sehr deutlich am jährlichen Pro-

Kopf-Verbrauch: In Saudi-Arabien beträgt er 360 g, in Deutschland nur 10 g.

Ingwer aromatisiert nicht nur Kompotte und Bäckereien, er macht auch das Fleisch mürb und zart.

Die frische oder halbgetrocknete Wurzel unterscheidet sich im Geschmack sehr wesentlich vom Ingwerpulver. Wer keine Möglichkeit hat, frischen Ingwer zu kaufen, soll sich nicht scheuen, Ingwerpulver zu verwenden – es gibt aber auch hier Qualitätsunterschiede. Ingwer kommt auch kandiert in den Handel. In der Lebensmittelindustrie findet er seine häufigste Verwendung in Ingwerbrot, Ingwerbier, Süßwaren und Marmeladen. Doch man sollte ihn auch einmal in Reisgerichten, egal ob süß oder salzig, Faschiertem, Huhn, Saucenfleisch und Fisch probieren. Auch in Käse- und Kräutersaucen schmeckt er sehr pikant.

Cutelis (Sri Lanka)

Zutaten: ½ kg Faschiertes oder faschiertes Fischfilet und ¼ kg zerquetschte, gekochte Kartoffeln oder ¼ kg gekochte Linsen und ½ kg zerquetschte, gekochte Kartoffeln, 1 bis 2 Zwiebeln, 2 Knoblauchzehen, 1 grüne Chilly, ein großes Stück Ingwer, ersatzweise ein gehäufter Teel. Ingwerpulver, 1 Lorbeerblatt, 2 Teel. Currypulver, ½ Teel. Kreuzkümmelpulver, Saft einer Zitrone, 2 Eier, Salz, Öl zum Braten.

Zubereitung: Zwiebeln, Knoblauch, Chilly und Ingwer ganz fein schneiden und mit allen Zutaten zu einem Teig verarbeiten. Kleine Bällchen formen und in heißem Öl ausbacken. Cutelis können heiß zu Reis gegessen werden, passen aber auch kalt zu jedem Buffet.

STOSSEN

Der Gebrauch von Mörser und Stössel sieht für den Ungeübten meist etwas unbequem aus. Die Arbeit wird häufig als eine primitive Technik angesehen, die einer Mechanisierung bedürfe. Doch es ist wert, den Körper beim Stoßen zu beobachten. Meister ihres Fachs benötigen keine zusätzlichen Gymnastik- oder Yogaübungen, um sich fit zu halten. Ob es sich um Reis handelt, der aus den Hülsen befreit werden muß, oder um schwarze Pfefferkörner, man weiß, was man zerstoßt und wofür man es tut. Der Inhalt des Mörsers verleiht dem Stampfen jeweils seine eigene Charakteristik, und die Köchin entwickelt zu den Speisen ein intimes Verhältnis. Wie anders ist das bei uns. Wir kaufen den geschälten Reis und womöglich sogar den gemahlenen Pfeffer.

Pfeffer

Pfeffer ist eine Schlingpflanze, deren Früchte hier als grüner, schwarzer und weißer Pfeffer bekannt sind.
Grüner Pfeffer wird aus der unreifen, in einem komplizierten

Verfahren getrockneten Frucht gewonnen. Er ist die aromatische Variante des Pfeffers.

Für schwarzen Pfeffer wird ebenfalls die unreife Beere verwendet, die entweder am Feuer oder in der Sonne getrocknet wird. Er schmeckt scharf. Bei der Herstellung des weißen Pfeffers wird die reife Beere in Wasser gelegt, damit sich das Fruchtfleisch löst. Der so gewonnene helle Kern wird anschließend getrocknet. Er ist der würzige Bruder in der Pfefferfamilie.

In Indien hält man den Pfeffer für den König der Gewürze. Schon 1000 v. Chr. benutzte man ihn dort. Alexander der Große brachte ihn nach Europa. Im Mittelalter entwickelten sich Venedig und Genua zu echten Pfeffermetropolen. Von hier aus wurde der Handel mit den Arabern, die den Pfeffer brachten, und die Verteilung in Europa gelenkt. Mit Pfeffer wurde von Anbeginn spekuliert. Die letzte große Pfefferspekulation fand 1935 in London statt. Ein Spekulant verlor dabei innerhalb weniger Minuten über 280 Millionen Schilling.

Pfeffer wirkt appetitanregend, kreislauffördernd, verdauungsanregend, antiseptisch und ist ein Mittel gegen Fieber. Nur sollte er nicht erst über das fertige Essen gestreut, sondern immer einige Zeit mitgekocht werden. Wie bei allen guten Dingen: Zuviel Pfeffer ist sicher nicht gesund, vor allem wenn man ihn nicht gewöhnt ist. Aber es ist eine arge Legende, daß Pfeffer den Magen angreift – man sollte sich von ihm eines Besseren belehren lassen.

Seine Verwendung richtet sich nach seiner Art. Generell kann man sagen, helles Fleisch verlangt nach dem würzigen weißen Pfeffer. Dunkles Fleisch sollte mit kräftigem schwarzen Pfeffer gewürzt werden, und der grüne Pfeffer schmeckt ausgezeichnet in leichten Oberssaucen.

Fleischcurry (Bengalen)

Zutaten: *1 kleines Huhn oder 600 g Schweinefleisch; scharf: 5 Nelken, 6 cm Zimtrinde, 15 schwarze Pfefferkörner, ein nußgroßes Stück Ingwer, ersatzweise 1 Teel. Ingwerpulver, 1 kleines Häuptel Knoblauch, ½ Yoghurt, 2 Teel. rotes Chillypulver (Cayennepfeffer), 1 Teel. Kreuzkümmelpulver, 1 Teel. Korianderpulver, 3 Zwiebeln, Salz; mild: 3 Nelken, 4 cm Zimtrinde, 8 schwarze Pfefferkörner, ½ Teel. Cayennepfeffer, ½ Teel. Kreuzkümmelpulver, ½ Teel. Korianderpulver, ein haselnußgroßes Stück Ingwer, ersatzweise ½ Teel. Ingwerpuler, 4 Knoblauchzehen, ½ Becher Yoghurt, 1 Zwiebel, Salz.*

Zubereitung: Huhn auslösen und das Fleisch in mundgerechte Stückchen schneiden. Zwiebel fein schneiden und in Öl rösten. Knoblauch und Ingwer zerreiben, zu den Zwiebeln geben und weiterrösten. Nelken, Zimt und schwarzen Pfeffer im Mörser stoßen und zusammen mit den anderen Gewürzen zu den gerösteten Zwiebeln geben. Fleisch mit Yoghurt übergießen und zu den gerösteten Gewürzen geben und solange durchrösten, bis Fleischsaft austritt. Wenn nötig, mit etwas Wasser aufgießen und auf mittlerer Flamme alles fertigdünsten. Geflügel wird in Bengalen gegessen. Verwenden Sie Schweinefleisch, so passen Sie das durch und durch indische Gericht unserem Geschmack an.

RÖSTEN

Getrocknete Gewürze müssen erhitzt werden, damit sich ihre ätherischen Öle lösen. Für Inder schmecken Gewürze „roh", wenn sie weder kurz angeröstet noch mitgekocht wurden. Das nachträgliche Würzen mit ungerösteten Gewürzen, wie es bei uns üblich ist, würde nicht einmal dem einfachsten Inder einfallen, geschweige denn einem indischen Feinschmecker.

In Indien stellt sich jede Hausfrau ihre individuellen Gewürzmischungen her. Eine davon ist das Garam Masala. Da diese Gewürzmischung schon bei ihrer Herstellung geröstet wurde, kann man sie unbedenklich direkt vor dem Servieren in die Speise mischen.

Getrocknete Gewürze

Pfeffer, Zimt, Nelken, Kardamom, Koriander, Kreuzkümmel, Chilly, Senfkörner, Muskatnuß, Muskatblüte, Gelbwurzel und Bockshornkleesamen.

Sie alle haben etwas gemeinsam: Sie bewahren ihr Aroma sehr lange, wenn sie ganz bleiben. Man sollte sie daher nur in dieser Form kaufen. Wichtig ist, daß sie in gut schließenden, lichtgeschützten Gläsern aufbewahrt werden. Gelbwurzel wird z. B. fast weiß, wenn sie in einem normalen Glas in der Küche aufbewahrt wird. Frisch geriebene, gemahlene oder zerstoßene Gewürze geben sofort ihre ganze Fülle von Geschmacksstoffen bereitwillig ab. Das sollte man beim Würzen der Speisen beachten. Pulverisierte Gewürze würzen stärker als zerbrochene oder ganze. Mit ganzen Gewürzen kann ein Würz-Greenhorn eigentlich keine größere Küchentragödie auslösen.

Beim Kauf von Gewürzen sollte man an die allgemeinen Würzgewohnheiten der Familie denken. Wird würzig gegessen, können größere Packungen nach Hause getragen werden. Darf aber nur zaghaft gewürzt werden, ist die kleinste Packung richtig.

Auf die Qualität der Gewürze sollte man auf jeden Fall großen Wert legen. Leider steht bei vielen Gewürzen nicht das Ursprungsland vermerkt. Ein Kenner weiß nämlich, daß der beste Ingwer aus Jamaika kommt, der indische Ingwer leicht zitronenähnlich schmeckt, westafrikanischer Ingwer am schärfsten ist, japanischer Ingwer die schlechteste Qualität aufweist und chinesischer Ingwer hauptsächlich zum Kandieren verwendet wird.

Auch beim Zimt sollte man das Produktionsland kennen. Erstklassige Qualitätszimtrinde kommt nach wie vor aus Sri Lanka.

Garam Masala (Indien)

Dieses Rezept stellt eine der vielen Varianten dar.

Zutaten: *5 Zimtstangen zu je 8 cm Länge, 16 Kardamomkapseln, 8 Eßl. schwarze Pfefferkörner, 8 Eßl. Nelken, 4 Eßl. Koriandersamen, 8 Eßl. Kreuzkümmelsamen.*

Zubereitung: Backrohr auf 100 Grad vorheizen. Währenddessen die verschiedenen Gewürze in separate Häufchen auf ein ungefettetes Backblech schütten, auf die unterste Schiene schieben und ca. 30 Minuten rösten lassen. Dabei die Gewürze öfters wenden, aber nicht vermischen. Achtung! Die Gewürze dürfen nicht braun werden oder gar anbrennen. Kardamomkapseln nach dem Rösten öffnen, die Samen auslösen und die Schalen wegwerfen.

Die geröstete Zimtrinde zwischen zwei Tuchlagen mit dem Nudelwalker fein zerbröseln. Nun Kardamom, Zimt, Nelken, Kreuzkümmel, Koriander und schwarzen Pfeffer gut vermischen und in kleinen Portionen entweder stilecht im Mörser zu feinem Pulver zerstoßen oder im Mixer zermahlen. Bei letzterem besteht allerdings die Gefahr, daß die Gewürze zu stark erhitzt werden.

Die hier angegebenen Gewürzmengen ergeben ca. 1½ Tassen Garam Masala. Die fertige Gewürzmischung in gut verschließbare, dunkle Gläser füllen und bei Zimmertemperatur aufbewahren. Ihr volles Aroma bleibt ungefähr 5 bis 6 Monate erhalten.

DÜNSTEN

Für viele asiatische Gerichte werden die Gewürze zusammen mit feingeschnittenen Zwiebeln gedünstet, bevor das eigentliche Kochen beginnt. Die Zwiebeln sorgen dafür, daß nichts verbrennt. Beim Dünsten lösen sich die Aromata der einzelnen frischen Gewürze und vermischen sich zu einem neuen, gemeinsamen Duft. Knoblauch und Ingwer sollen erst nach dem Glasigwerden der Zwiebeln in die Pfanne kommen, denn sie brennen leicht an.

Die chinesische Küche ist berühmt für ihre schonenden Zubereitungsarten von Gemüse. Für eine Hausfrau wäre das Unglück perfekt, würde ihr Haus nach Kraut oder Karfiol riechen. Es wäre für den Gast ein Zeichen, daß das Essen mißlungen ist. Um Gemüse nicht „duften" zu lassen, ist es notwendig, daß die vorbereiteten Gewürze kurz in heißem Öl gedünstet werden, dann fügt man das kleingeschnittene Gemüse hinzu und läßt es nur halbgar werden. Nun ist das Gemüse am Höhepunkt seines Geschmackes und seiner Bekömmlichkeit für den Magen. Das Gemüse wird auch nie in Wasser gekocht, sondern immer zusammen mit den Gewürzen kurz gedünstet.

Bei uns wird es häufig anders gemacht. Wir kochen das Gemüse im Ganzen, schneiden es, wenn es weich ist und fügen erst jetzt Gewürze und Bindemittel hinzu.

Zwiebel

Die Zwiebel teilt, wie der Knoblauch, die Welt in zwei Teile. Das „Nicht-Zwiebel-Gebiet" korrespondiert praktisch mit jenen Gegenden, wo der Puritanismus blüht. Vielleicht würde die Verwendung von Zwiebeln helfen, diesen menschlichen Auswuchs einzudämmen? In Holland sagt man: „Ein Apfel pro Tag hält den Doktor in Schach." Wir wollen diesen Spruch auf die Zwiebel ausdehnen.

In Asien, wo die Zwiebel einfach zur Küche gehört, ist ihr Geruch wohlbekannt. Trotzdem wird Zwiebel nie allein verwendet, sondern immer zusammen mit anderen Gewürzen.

Zwiebel regt den Magen an, Saft zu produzieren. Sie hält auch die Speisen lange genug im Magen, bis die Verdauung gründlich durchgeführt ist. Für einen empfindlichen Magen ist sie jedoch schwer verdaulich. Wie ihr Bruder, der Knoblauch, ist die Zwiebel ein arger Feind von Bakterien.

Im Westen kommt die Zwiebel zu neuen Ehren, weil sie den Cholesterinspiegel im Blut niedrig hält und auch als guter Wächter gegen den gefürchteten Herzinfarkt eingesetzt werden kann. Ihre harntreibende Wirkung darf nicht vergessen werden. Die Zwiebel ist also ein ideales Gewürz für zivilisationsgeschädigte Europäer.

Seeni-Sambal (Sri Lanka)

Zutaten: *250 g Zwiebeln, 6 Knoblauchzehen, ein kleines Stück Ingwer, ersatzweise ½ Teel. Ingwerpulver, 1 Teel. Kreuzkümmelpulver, 2 Nelken, 2 Kardamomkapseln, ca. 4 cm Zimtrinde, 2 Teel. Cayennepfeffer, einige Curryblätter, ersatzweise 1 Lorbeerblatt, etwas Zitronengras, ½ Tasse Tamarindsaft, ersatzweise ½ Tasse Essig, Saft von einer Zitrone, Salz*

Zubereitung: Zwiebeln, Knoblauch und Ingwer so fein wie möglich schneiden. Zuerst Zwiebeln anrösten, dann Nelken, Kardamomsamen, Zimtrinde, Curryblätter und Zitronengras dazugeben und auch anrösten. Zum Schluß Knoblauch und Ingwer untermischen. Nun mit Tamarindwasser oder Essig aufgießen, die übrigen Gewürze dazugeben, alles zudecken und ca. 15 Minuten dünsten lassen. Das Reindl vom Feuer nehmen und mit Salz und Zitronensaft abschmecken.

Seeni-Sambal wird als Chutney mit Reis zum Curryessen serviert. Als Brotaufstrich ist er ebenfalls sehr delikat. Aber Vorsicht, er ist scharf!

GENUSS

AROMA

Nicht nur in der Eßkultur, in der Kultur ganz allgemein, werden Aromata und Düfte groß geschrieben. Die Europäer pflegen diese an sich asiatisch-orientalische Sitte zum Beispiel in der katholischen Liturgie, indem Weihrauch während des Gottesdienstes benutzt wird. Auch für Salböle in der Antike und in unserer Zeit benützte und benützt man Duftstoffe unserer Gewürze. Ein feines Aroma verstärkt aber nicht nur den Eindruck der Festlichkeit, sondern erhöht auch beim Essen den Genuß. Wer einmal bei Tisch wegen einer Erkältung nichts riechen konnte, weiß das genau. Alles schmeckt gleich langweilig, und man ißt appetitlos. Das Aroma einer Speise ist von großer Bedeutung für ihre Verdaulichkeit. Auch der Genuß, der bei einem gekonnt gewürzten Essen entsteht, ist weitgehend für unser Wohlbefinden verantwortlich. Wir sollten auf das selbst erzeugte Aroma, das bei jeder herkömmlichen Art der Zubereitung entsteht, weder verzichten noch uns von der Nahrungsmittelindustrie bestehlen lassen.

 ## Zimtrinde – Nelken – Kardamom

Die drei Geschmacksverwandten Zimt, Nelken und Kardamom haben sehr viel gemeinsam. Ihre Süße ist überwältigend, deshalb sollten sie nur sparsam verwendet werden. In Süßspeisen, aber auch in scharfen Currygerichten zeigen sie sich besonders von ihrer aromatischen Seite. Sie sind ausgezeichnete Partner für Chilly und Pfeffer, weil sie die „Bissigkeit" der beiden etwas lindern.

„*Zimt* paßt fast immer, ist nicht aufdringlich und fehlt, wenn er vergessen wird", sagte ein bekannter Feinschmecker. Aber nicht nur wegen seines appetitanregenden Aromas sollte man Zimt etwas häufiger verwenden, sondern vor allem wegen seiner Wirkung in unserem Körper. Er wirkt stark antibakteriell, verdauungsfördernd, ist ein gutes Mittel gegen Blähungen und Durchfall, reguliert den Menstruationszyklus und löst Leibkrämpfe. Bei Erkältungskrankheiten ergibt er zusammen mit Ingwer und Koriander ein wirksames Mittel. Zimt gehört zu den „alten" Gewürzen. Schon 2800 v. Chr. wird er in dem Kräuterbuch eines chinesischen Kaisers erwähnt.

Die Portugiesen entdeckten Zimt durch Zufall auf der Insel Ceylon (heute Sri Lanka). Die Holländer vertrieben die Portugiesen aus Neid auf ihren Reichtum, den diese durch den Gewürzhandel angesammelt hatten, von allen Gewürzinseln und installierten überall dort, wo sie sich niederließen, wahre Schreckensherrschaften. Die Ceylonesen wehrten sich verzweifelt gegen dieses Joch. Erst die Engländer konnten sie befreien, doch für die einheimische Bevölkerung änderte sich nicht sehr viel, obwohl die neuen Kolonialherren nicht ganz so grausam waren wie die Holländer.

Zimt ist in der Medizin auch heute noch von Bedeutung. Viele Auszüge werden aus den Rindenabfällen hergestellt.

Aber auch die Genußmittelindustrie benötigt Zimt bzw. Zimtöl für ihre Produkte.

Bei uns ist Zimt ein typisches Mehlspeisen- und Backwarengewürz. Es wäre aber schade, wenn man dieses wunderbare Gewürz nicht auch einmal bei diversen Fleischspeisen, Saucen und Fischgerichten versuchen würde.

Nelken sind die kurz vor dem Aufblühen geernteten, getrockneten Blütenknospen des Gewürznelkenbaumes. Sie schmecken typisch nelkenartig, feurig, würzig, ja fast brennend, aber andererseits auch betörend süß. Obwohl Chinesen wie auch Inder die Gewürznelke schon etliche Jahrhunderte vor Christi Geburt in Verwendung hatten, kam sie erst durch die Römer nach Europa. In Deutschland wird sie um 1000 n. Chr. genannt.

Gewürznelken wirken stark desinfizierend, stimulierend für den Magen, verdauungsfördernd, magenschonend und drogenähnlich betäubend. Beißen Sie in eine Nelke, wenn Sie plötzlich von Zahnweh geplagt werden, sie nimmt ganz sicher für einige Zeit den Schmerz. Aber nicht nur als schmerzstillendes Mittel sind Nelken wirksam, sondern auch als Mottenschutz. Diese schädlichen Insekten vertragen den Geruch von Nelken nicht und machen sich in keinem Kasten breit, wo sich Säckchen mit dem von ihnen gefürchteten Gewürz befinden.

Bei uns werden Nelken hauptsächlich in der Weihnachtsbäkkerei und im Apfelkompott verwendet. Experimentieren Sie doch einmal etwas! Obstsalat, Roter-Rüben-Salat, Rotkraut, Wildragout, Sauerbraten, Fischmarinaden, Rahmsaucen, Fleisch- und Wildbeizen sowie eingelegtes Gemüse verlangen direkt nach einigen Nelken.

Kardamom stammt aus der Ingwerfamilie. Als Gewürz verwendet man die dreiteilige Fruchtkapsel. Die ausgelösten Samen werden zum Würzen verwendet.

Indien liefert 70 bis 80 Prozent der Welternte und seine größten Abnehmer sind Saudi-Arabien und Schweden. In Saudi-Arabien stellt Kardamom ein beliebtes Kaffeegewürz dar, und in Schweden braucht man ihn für die vielen süßen Suppen.

Kardamom ist ein sehr stark schmeckendes Gewürz. Er gilt als verdauungsfördernd und als gut wirksames Aphrodisiakum. Seine antiseptische Wirkung wird in der Medizin genützt. Er beruhigt den Magen und hilft gut gegen Husten.

Seine Verwendung in der Küche ist vielseitig. Nicht nur in Süßspeisen, wie Reisauflauf und ähnlichen Gerichten, ist er richtig, auch in Rindsuppen, bei Steaks, Faschiertem, Obstsalaten, eisgekühlter Melone und Kompotten erfüllt er seine Pflicht.

Fischcurry (Maharashtra)

Zutaten: *2 frische Makrelen oder Heringe, Pfeffer, 3 Kardamomkapseln, 3 Nelken, 2 cm Zimtrinde, eine kleingehackte Zwiebel, ½ Teel. Ingwerpulver, 2 Knoblauchzehen, Salz, Öl, ¼ l Buttermilch.*

Zubereitung: Die Fische ausnehmen, innen und außen gut waschen und trockentupfen. Die Zwiebel in etwas Öl goldgelb rösten, dann alle Gewürze dazugeben und weiterrösten lassen. Währenddessen die Fische innen und außen salzen und pfeffern, zu den Gewürzen in die Pfanne geben und auf beiden Seiten schön braun braten. Mit Buttermilch übergießen und die Fische darin fertiggaren. Dazu Reis oder Brotfladen servieren.

FARBE

Nicht allein das Aroma und der Geschmack einer Speise sind für die Aufnahmebereitschaft unseres Magens wichtig. Es ist auch die Farbe von großer Bedeutung. Schlechte oder falsche Beleuchtung beim Essen verdirbt den besten Appetit. Viele tropische Gewürze scheinen die Sonne eingefangen zu haben, so leuchtend sind ihre Farben. Gelbwurzel, Safran und Chilly sind die bemerkenswertesten Beispiele dafür. Solche Naturfarben machen chemische Färbemittel überflüssig.
Wie in der europäischen Küche ist auch in Asien die Farbzusammenstellung innerhalb eines Menüs sehr wichtig. Die Speisen sollten durch die ihnen eigenen Farben den Gast erfreuen. Man sollte ebenso bei einem Buffet auf künstliche Farbtupfen verzichten. Die frischen Gewürze helfen uns dabei. Das blasse, meist künstliche Gelb vieler Currypulver aus den Kaufhäusern würde keinen Inder zum Essen einladen. Die echte Gelbwurzel mit ihrem intensiven Gelb ruft Erinnerungen an Sonnenkulte hervor und läßt jede Speise leuchten.

Gelbwurzel und Safran

Gelbwurzel ist eines der billigsten, in Indien meistverwendeten Gewürze. Seit dem Eindringen der Arier (3000 v. Chr.) in den indischen Subkontinent hat sie hier sowohl in der Küche als auch im kultischen Bereich ihren Platz. Die

46

Arier waren Sonnenverehrer, und alles, was der Sonne ähnelte, war ihnen heilig. Da Safran schon damals nur für Reiche erschwinglich war, wurde der Anbau der Gelbwurzel gefördert. Heute zeigt sich ihr Stellenwert in der indischen Kultur in der eindrucksvollen Anbaufläche, die ihr vorbehalten ist. Auf 200 km², das entspricht etwa der Gesamtfläche des Fürstentums Liechtenstein, wird die mit dem Ingwer verwandte Pflanze angebaut. Circa 100.000 Tonnen Gelbwurzelpulver werden hier erzeugt, davon 5000 Tonnen exportiert. Der Rest, das sind 95.000 Tonnen, bleibt in Indien.

Die Gelbwurzel hat wenig Eigengeschmack, ja sie bewirkt, allein verwendet, einen eher faden, leeren Geschmackseindruck. Sie rundet aber wirksam eine Gewürzmischung ab.

Gelbwurzel stärkt den Magen, verhindert Blähungen und schwächt Erkältungen ab, ihre Stärke liegt jedoch in ihrer antiseptischen Wirkung. Auf Wunden wirkt sie desinfizierend und entzündungshemmend. Sie gehört zu den besten natürlichen Blutreinigungsmitteln. Der wunderschöne, samtige Teint der Inderin spricht für sich. Warum sollen wir Europäerinnen weniger schön sein als unsere indischen Geschlechtsgenossinnen?

In Europa wird Gelbwurzel nur in der Nahrungsmittelindustrie als Färbemittel für Mayonnaisen, Senf und Salatdressings verwendet. In unseren Haushalten fehlt sie gänzlich. Dabei sind Eier, Fisch, Reis und Gemüse geeignete Partner für sie. Vor allem Fisch bietet sich für die Zugabe von Gelbwurzel an, weil sie ihm etwas vom typischen Geruch nimmt.

Safran ist für Europa ein „altes" Gewürz. Schon im Kinderlied singt man von diesem Gewürz, das den Kuchen gelb macht. Safran war immer ein elitäres Gewürz, das häufig gefälscht wurde und auch heute noch wird. Drakonische Strafen kannte man im Mittelalter dafür. In Deutschland wurde der Fälscher mit seinem Falsifikat bei lebendigem Leib begraben oder verbrannt.

Heute verwendet man Safran für einige wenige landschaftsspezifische Gerichte. Die berühmte Bouillabaise, eine Fischsuppe aus Marseille, und einige spanische Speisen werden heute noch mit Safran gewürzt.

Der so kostbare Safran wird aus den Staubgefäßen einer bestimmten Krokusart gewonnen, wobei man für ein Kilogramm Gewürz 80.000 Blüten ernten muß.

Eine winzige Messerspitze des dunkelroten, streng riechenden Pulvers genügt, um eine Reissuppe für vier Personen sonnenblumengelb zu färben. Safran schmeckt eher bitter und etwas scharf. Man muß schon eine besondere Vorliebe für ihn haben, wenn man ihn benützt.

Er kommt als Pulver oder in ganzen, getrockneten Staubgefäßen in den Handel. Bevor wir ihn verwenden, lösen wir ihn in Milch, Wasser, Suppe oder Wein auf und lassen ihn einige Zeit ziehen. Dann wird er mit der Einweichflüssigkeit zur Speise hinzugefügt.

In der Medizin verwendet man ihn zur Verstärkung der Menstruationsblutung und als Abortivum.

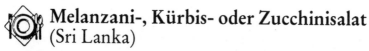 **Melanzani-, Kürbis- oder Zucchinisalat** (Sri Lanka)

Zutaten: *2 Melanzani oder ½ kg Kürbis oder ½ kg Zucchini, Salz, etwas Gelbwurzel, 2 kleine Zwiebeln, 2 grüne Chillies, Zitronensaft nach Geschmack, Öl.*

Zubereitung: Das Gemüse waschen, in ca. 1 cm dicke Scheiben schneiden und in einer Mischung aus Salz und Gelbwurzelpulver wälzen. Diese Gemüsescheiben schwimmend in heißem Öl ausbacken. Goldbraun nimmt man sie heraus und legt sie auf Küchenkrepp, das das überschüssige Fett aufsaugt. Zwiebeln und Chillies fein schneiden, in eine Schüssel geben, die gebackenen Gemüsescheiben hinzufügen, mit Zitronensaft übergießen und vorsichtig vermischen.

HARMONIE

Ein gehaltvolles Mahl ist an mehrere Voraussetzungen gebunden: Aroma, Geschmack, Farbe, leichte Verdaulichkeit, Zeit, angenehme Gesellschaft und ein völlig entspanntes Gefühl nach der Mahlzeit. Gewürze mit ihren mannigfaltigen Eigenschaften tragen viel Positives dazu bei. Sie bestimmen wesentlich das Aroma, fügen überraschende Geschmacksempfindungen hinzu, fördern die Verdauung und hinterlassen Wärme. In der Zusammensetzung des Essens liegt das ganze Spektrum von Duft, Geschmack und die berechtigte Erwartung, daß es Seele, Körper und Geist noch lange danach wohlergeht. Dieser Harmonie entspricht eine ganz bestimmte Lebenshaltung, in der scheinbar gegensätzliche Elemente zu einer Einheit zusammenfinden können. Harmonie heißt keinesfalls Gleichschaltung, sondern Ergänzung. Essen ist wie Meditation. Es soll kein Ausflippen sein, eher ein Vergessen der harten Wirklichkeit in sanften Gefühlen.

Reis oder Brot? Stören sie die Harmonie eines Menüs? Die Küchentradition des Westens war jener in Asien ursprünglich sehr ähnlich. Erst unsere Konsumgesellschaft veränderte radikal die alten Gewohnheiten. Nicht im Laufe langer Zeitperioden, erst nach dem Zweiten Weltkrieg verfiel der Stellenwert der Grundnahrungsmittel. Brot, Kartoffeln, Reis oder Nudeln stehen zur Verfügung. Diese neutralen Nahrungsmittel sind für den Magen notwendig, damit er sich nach ausgiebiger Reizung durch Fleisch und Gewürze wieder ausruhen kann. Grundnahrungsmittel sollen nicht nur den Hunger stillen, sie tragen auch viel zur Gesamtharmonie des Essens bei. Sie machen es gehalt- und geschmackvoll. Harmonie im Essen braucht der Mensch und sein Magen.

Schwarzer Senf und weißer Senf

Die beiden sind botanisch nicht verwandt, haben aber sehr ähnliche Eigenschaften. Schwarzer und weißer Senf fördern die Sekretion der Drüsen in Mund und Magen. Sie helfen außerdem das Essen so lange im Magen zu behalten, bis alle Speisen ordentliche verdaut sind. Die Venen werden durch sie erweitert und die Darmtätigkeit wird angeregt. Sie stimulieren das Herz und lassen den Blutdruck steigen. Schließlich verstärken sie die Menstruationsblutung.

Schwarzer Senf benötigt längere Zeit, um sein Aroma zu entfalten, hält aber Hitze nicht gut aus. Deshalb fügt man ihn erst knapp vor dem Garwerden einer Speise hinzu. Eine andere Methode, die in Indien sehr üblich ist, verlangt, daß der schwarze Senf separat in etwas Öl angeröstet wird, bis er zu springen beginnt. Erst dann gießt man ihn ins schon fertige Essen. Die kleinen schwarzen Körnchen verleihen einem blassen Gemüse Glanzpunkte, und ihr Geschmack verbindet sich harmonisch mit der Speise.

Unser Speisesenf besteht aus einer Mischung von weißem und schwarzem Senf. Je schärfer der Senf, umso höher ist der Anteil des schwarzen Senfes. Seine antibakterielle Wirkung wendet man bei der Konservierung von Gemüse an, aber auch in der Medizin als Senfpflaster, zum Abheilen eines Furunkels. Senf sollte nur in kleinen Mengen gegessen werden, vor allem wenn man an einem empfindlichen Magen leidet. Er reizt unter Umständen die Magenschleimhaut zu stark.

Seine Verwendung ist vielfältig. Gemüse wird bunt und pikant, eingelegtes Gemüse erhält durch Senf eine bessere Haltbarkeit und Fisch- wie Fleischbeizen bekommen durch diese wirkungsvollen Samen ihren besonderen Pfiff.

Sali-ma-gosht (Gujarat)

Zutaten: 500 g Ziegenfleisch, Geflügel oder Schweinefleisch, 2 Zwiebeln, 4 Eßl. Butterschmalz, ein nußgroßes Stück Ingwer oder 1 Teel. Ingwerpulver, ½ Teel. Korianderpulver, ½ Teel. Kreuzkümmelpulver, ½ Teel. Cayennepfeffer, 2 Tomaten, Salz, ca. ⅛ l Wasser, 10 dag Cashewnüsse, 5 Kardamomkapseln, 2 Eßl. schwarzer oder weißer Senf (gestoßen), 5 dag Rosinen, 250 g Kartoffeln, Öl zum Ausbacken.

51

Zubereitung: Bereitet man diese Speise mit Schweinefleisch zu, stellt dies die europäisierte Variante dar, weil in Indien kein Schweinefleisch gegessen wird.

Zwiebeln fein schneiden und in Butterschmalz anrösten. Ingwer und Knoblauch zu einer Paste vermengen und mit Koriander-, Kreuzkümmel- und Chillypulver (Cayennepfeffer) ca. 1 Minute anrösten. Dann geschnittene Tomaten und das in Stücke geschnittene Fleisch zugeben, salzen und anbraten. Mit Wasser aufgießen, Rosinen, Cashewnüsse, Zimt und ausgelöste Kardamomsamen dazugeben und alles bei geschlossenem Deckel langsam fertig dünsten. Ist das Fleisch weich, den gestoßenen Senf daruntermischen.

Die Sauce mit geriebenen und in Fett ausgebackenen Kartoffeln (Strohkartoffeln) binden.

ZEIT

Das Bereiten von gutem Essen, ob nun im Westen oder in Asien, benötigt Zeit. Mit Fertigprodukten – wie praktisch das eine oder andere auch sein mag – stirbt jede Eßkultur. Die westliche Werbung bietet bei uns schon Fertigspeisen à la Asia an, so wie man in den asiatischen Großstädten auch hot dogs und Hamburger essen kann. Eßkultur ist eine Frage der Zeit und der inneren Einstellung. Die moderne Technik schenkt den Hausfrauen Erleichterung bei der Arbeit und dadurch mehr Freizeit. Man sollte aber eines bedenken: Zeit für ein gutes Essen ist gewonnene Zeit. Zeit für sich und den Reichtum der Natur. Zeit für den Körper, aber vor allem auch Zeit für freies Denken während der Arbeit. Und nicht zuletzt Zeit zum Entspannen nach dem Essen. Wann hat der moderne Mensch noch Zeit für das Zwillingspaar Meditation und Denken? Hier hat er die Möglichkeit dazu!

Kreuzkümmel

Der Kreuzkümmel heißt in Indien jeera – der Verdauende, er wird hier neben Kardamom, nach dem Essen, in Samenform gekaut. Er hilft mit seinen ätherischen Ölen, den Magen zu entspannen und die Magensaftproduktion zu fördern. Die Zeit ist für ihn eine große Hilfe, denn das Verdauen braucht sie in erheblichem Maße. Vor dem Essen gekaut, wirkt Kreuzkümmel appetitanregend. Wie Koriander nimmt er dem Pfeffer etwas die Schärfe.

Die fünf bis sechs Millimeter langen Samen sind grünlichgrau und ähneln unserem Fenchel, sind aber weder mit diesem noch mit dem bei uns gebräuchlichen Kümmel verwandt. Er riecht stark aromatisch, schmeckt aber eher scharf – bitterlich – streng.

In Mitteleuropa ist Kreuzkümmel in den Haushalten fast nicht bekannt. Er wird hauptsächlich in der Spirituosenindustrie für magenstärkenden Kräuterlikör verwendet. Kreuzkümmel ist ein wichtiger Bestandteil eines guten Currys. In

Amerika würzt man Pickles, Käse, Fleischkonserven und Würste damit.

Wegen seiner verdauungsfördernden Wirkung sollte man ihn zu allen schwerverdaulichen oder blähenden Speisen verwenden. Hülsenfrüchte, alle Kohlarten, schwarzes Brot, aber auch Saucengerichte aus fettem Schweinefleisch werden durch Kreuzkümmel einerseits geschmacklich verbessert, andererseits bekömmlicher.

Tarkar (Bengalen)

Zutaten: *½ kg Kraut, 3 Kartoffeln, zwei handvoll ausgelöste Erbsen, ½ Teel. Kreuzkümmelsamen, ½ Teel. Gelbwurzelpulver, 2 grüne Chillies, 1 nußgroßes Stück Ingwer oder 1 Teel. Ingwerpulver, 5 cm Zimtrinde , 6 Nelken, Salz, Wasser.*

Zubereitung: Kraut fein schneiden, die rohen Kartoffeln schälen und würfelig schneiden, Erbsen auslösen. In heißem Öl den Kreuzkümmel kurz erhitzen, dann die Kartoffelstückchen dazugeben und gut durchrösten lassen. Die Kartoffeln aus dem Fett nehmen und dafür das Kraut, die Erbsen und die fein geschnittenen Chillies sowie etwas Salz und Gelbwurzelpulver in das verbliebene Öl geben, mit etwas Wasser aufgießen, zudecken und dünsten. Ingwer, Zimt und Nelken zu einer Paste verreiben und über die gerösteten Kartoffeln geben. Zu dem halbfertigen Kraut die braunen, gewürzten Kartoffelstückchen mischen und alles fertigdünsten.

GESELLSCHAFT

Gemeinsam essen gehört bei uns zur Tischkultur. Obwohl sich das kalte Buffet für größere Gelegenheiten anbietet, bleibt die Tischgemeinschaft das Zentrum der westlichen Eßkultur. Sie ist und war immer mit vielen Regeln belastet. Schon die Anzahl der Esser ist von der Tischgröße bestimmt. Jeder hat seinen bestimmten Platz. Die Konversation ist so wichtig wie das Essen selbst. Worüber – nach strengen Regeln – man sich früher nicht unterhalten durfte: Politik, Religion und Geschäfte. Über das Essen selbst brauchte nicht gesprochen werden, denn die Menüfolge lag, auf Papier geschrieben, neben jedem Teller. Diese Art kennt man in Asien natürlich auch. Aber im heutigen häuslichen Bereich pflegt man sich selbst zu bedienen oder die Hausfrau übernimmt diese Aufgabe. In indischen Haushalten hat man keinen Tisch. Jeder setzt sich dorthin, wo er Platz findet und widmet sich seinem Essen. Das größte Kompliment für die Gastgeber ist, wenn das Essen so gut schmeckt, daß niemand dazu redet. Ein derartiger Eßgenuß macht die Gäste entspannt und aufgeschlossen. Die Gespräche finden anschließend statt. Wer gut ißt, findet zu sich und zu den anderen.

Muskatnuß und Muskatblüte

Die *Muskatnuß* ist der Kern einer marillenähnlichen Frucht. Die Nuß ist von einer dünnen, harten Schale umgeben, die wiederum von einer hochroten Haut umhüllt wird. Das ist die sogenannte Muskatblüte.

Die Nüsse kommen gekalkt in den Handel, wodurch ihre Haltbarkeit erhöht wird. Ursprünglich brachten arabische Händler die „Indische Droge" nach Europa. Hier war der Bedarf groß. Jeder, der es sich leisten konnte, würzte fast alles mit dem begehrten Gewürz. Sogar ins Bier wurde im Mittelalter Muskatnuß gegeben.

Die Urheimat der Muskatnuß sind die Molukken. Hier regierten fast 100 Jahre lang die Portugiesen, bis sie von den Holländern vertrieben wurden. Die Holländer waren wohl die grausamsten Kolonialherren. Überall dort, wo sie Länder besetzten, regierten der Schrecken, die Folter und der Tod. Sie veranstalteten regelrechte Menschenjagden auf die einheimische Bevölkerung, um sie auszurotten. Sie machten aber auch vor den eigenen Landsleuten nicht halt. Der illegale Besitz eines Muskatbaumes hatte auch für sie unweigerlich den Tod zur Folge.

In Indien dient die Muskatnuß als stimulierender Zusatz zum Schnupftabak und für die Betelnuß, im Orient als Aphrodisiakum und bei Rauschgiftsüchtigen vieler Länder als Haschischersatz. Übermäßiger Muskatgenuß ist gesundheitsschädigend.

Muskatnuß verstärkt die Regelblutung, ja kann sogar zum Abortus führen, was aber nur durch den Genuß von extremen Mengen erfolgen kann. In kleinen Dosen genossen ist sie gesund und vor allem dem Kreislauf förderlich.

Ihre Verwendung ist vielfältig. Klare und gebundene Suppen, Kartoffelspeisen, Knödel, Spinat, Nudelgerichte, Kalb- und Rindfleisch, Süßspeisen wie Biskuit, Topfen, Pudding und Marmeladen können mit Muskatnuß gewürzt und dadurch schmackhafter gemacht werden.

Die *Muskatblüte* ist die getrocknete Haut, die um die Muskatnuß liegt. Ist sie bei der Ernte leuchtend rot, verfärbt sie sich beim Trocknen in ein hornartiges Braunorange. Dieser einen Millimeter dicke Samenmantel riecht angenehm gewürzhaft, schmeckt leicht bitter, aber gleichzeitig feurig-aromatisch. Insgesamt ist ihr Geschmack etwas feiner und zarter als jener der Muskatnuß.

Die Muskatblüte gehörte im Mittelalter neben Pfeffer und Muskatnuß zu den beliebtesten Gewürzen. Offenbar wußte man schon damals, daß sie den Magen stärkt, die Verdauung fördert und gegen Blähungen wirkt. Sowohl bei Übelkeit als auch bei Durchfall bekam man sie vom Arzt verordnet.

Kann Muskatnuß nur gerieben verwendet werden, so gibt man Muskatblüte meist im Ganzen oder nur grob zerbrochen zu den Speisen. Vor dem Servieren sollte man sie entfernen.

Wegen ihres feinen Aromas findet man die Muskatblüte hauptsächlich im Gebäck und in Mehlspeisen. Reis- und

Grießspeisen, Punch und Glühwein sollten immer mit etwas Muskatblüte gewürzt werden. Im Lebkuchen findet man sie ebenfalls, aber es wäre schade, wenn man sich nur auf diese wenigen Speisen beschränken würde. Muskatblüte verfeinert auch Rindsuppen, Rindsbraten, Wild und Pasteten.

Kofta-Curry (Indien)

Zutaten: *½ kg mageres Faschiertes, 13 abgezogene Mandeln, ½ Teel. Gelbwurzel, 1 Eßl. kochendes Wasser, 1 Ei, 4 Eßl. Semmelbrösel, Salz, 1 Zwiebeln feingehackt, ½ Teel. Ingwerpulver, ¼ Muskatnuß, gerieben, 1 Messerspitze Cayennepfeffer, 1 Bund Petersilie, gehackt, Öl zum Ausbacken.*

Zubereitung: Die Mandeln kurz in kochendes Wasser legen, abschrecken und die Haut abziehen.
Faschiertes mit Ei, Semmelbröseln, 1 Eßl. kochendem Wasser, kleingeschnittenen Zwiebeln, gehackter Petersilie, Ingwer, Cayennepfeffer, Gelbwurzel und geriebener Muskatnuß gut vermischen und alles noch einmal durch die Fleischmaschine drehen. Den Fleischteig in 13 gleiche Portionen teilen und je eine Mandel damit überziehen. Diese Fleischbällchen schwimmend in Öl ausbacken. Sie können auch kalt gegessen werden.

GESUNDHEIT

APPETIT

Man wünscht sich meist erst bei Tisch guten Appetit. Dies ist sicherlich zu spät, denn der Appetit sollte uns doch zu Tisch bringen. In unserer satten Konsumgesellschaft jedoch ist es nicht immer leicht, richtigen Appetit zu haben. Und wie schwierig ist es manchmal, Kinder zum Essen zu bringen.

Nicht die Plakatwände oder die Fernsehwerbung sollten den Appetit anregen, sondern aromatische Düfte aus der Küche. Der ganze Körper freut sich schon auf das kommende Essen, wenn der Wohlgeruch von Gewürzen in unsere Nase steigt. Ist man diesem Stimulans zu lange ausgesetzt, entsteht aus einem lustvollen Appetit Hunger. Aber dieser Hunger hat mehr die Art eines endlich zu Ende gehenden Fastens als die der Ungeduld des Heißhungers. Die vielen appetitanregenden Gewürze, die im Menü mitwirken, bewirken mit ihren Charaktereigenschaften eine allgemeine Harmonie. Wer sie riecht, will sie auch schmekken. Das appetitlich duftende Essen bittet deshalb höflichst, genußvoll und mit Muße gekostet zu werden.

Appetitanregende Gewürze

Chilly, Pfeffer
Kardamom, Zimt, Nelken
Koriander, Kreuzkümmel
Ingwer, Senf

Tomatenchutney (Indien)

Chutney ist ein pikanter Ketchup-Ersatz und kann auf Vorrat eingekocht werden. Wegen der vielen Gewürze ist es fast unbeschränkt haltbar, wenn die Familie überhaupt etwas davon übrig läßt. In Indien ißt man Chutney zum Reis und zu Curryspeisen als weiteres Geschmackselement innerhalb des Menüs. Die Grundlage für Chutney muß nicht immer nur Tomate sein, häufig werden Mangos, Zitronen, Orangen, ja auch Fisch dazu verarbeitet. Jedes Chutney hat seinen eigenen Charakter, es kann süß-scharf, sauer-scharf, extrem scharf, eher salzig oder nur süß sein.

Zutaten: *¾ kg Tomaten, ¼ kg Zwiebeln, ½ Apfel, 60 dag Zucker, 1 Eßl. Salz, 4 gestr. Teel. Paprika, 1 gestr. Teel. Cayennepfeffer, 1 Messerspitze Piment (Neugewürz), 6 zerdrückte Korianderkörner, 1 kleines Lorbeerblatt, 2 Tassen Essig.*

Zubereitung: Die Tomaten abbrühen, abhäuten und vierteln. Zwiebeln und Apfel schälen und kleinhacken. Tomaten, Zwiebeln und Apfel mit 40 dag Zucker zu einem dicken Brei kochen. Anschließend Paprika, Cayennepfeffer, Piment,

Koriander und Lorbeerblatt dazugeben, einmal aufwallen lassen und dann beiseite stellten. Essig mit dem restlichen Zucker 2 bis 3 Minuten kochen und unter die Tomatenmasse mischen. Gleich in Gläser füllen und zubinden.

VERDAUUNG

Ein wässernder Mund ist voller Speichel. Der Speichel hat aber nicht nur die Aufgabe, die Bissen durch die Speiseröhre gleiten zu lassen, seine Hauptaufgabe liegt im chemischen Bereich. Während des Kauens werden die Speisen mit Speichel gut durchsetzt. Es lösen sich die ersten Stoffe. „Gut gekaut ist halb verdaut", heißt schon ein altes Sprichwort. Nimmt man sich nicht genügend Zeit zum Essen und wird der Magen unvorbereitet mit größeren Speisenmengen gefüllt, setzt er sich meist mit schmerzenden Beschwerden zur Wehr. Streßgeplagte Menschen leiden nicht ohne Grund häufig an Magengeschwüren. Befindet sich der Magen aber wohl und in einem entspannten Körper, so fühlt sich der ganze Mensch behaglich und zufrieden. Würde der Magen nicht durch zu schnelles Essen belastet sein, könnte er auch besser signalisieren, wenn er vorläufig genug zu tun hat.

Zur Verdauung gehört auch die entsprechende Entschlackung. Sowohl körperlich als auch geistig sollte Ballast abgeworfen werden, damit man sich gesund fühlt.

Im heutigen Westen wird Fasten und Askese meist als etwas Weltfremdes und Körperfeindliches angesehen. Dabei wird beides in der christlichen Tradition sehr wohl empfohlen, um den Geist zu schärfen. Fasten und gutes Essen sollen keine feindlichen Brüder, sondern sich bestens verstehende Zwillinge sein. In Asien gibt es viele religiöse Gemeinschaften, die Askese als einen wichtigen Teil ihres Lebens betrachten. Buddhistische Nonnen und Mönche z. B. fasten täglich ab Mittag, lehnen aber bis zu diesem Zeitpunkt keine gut zubereitete Speise ab. Sie sehen auch nicht nach verkrampften, abgemagerten Asketen aus. Die Mohammedaner, Meister des Fastens, essen nie besser als in den Nächten des Ramadanmonats. Sie gelten in Asien als die besten Köche.

Fasten bewirkt neben der körperlichen Entschlackung vor allem eine geistige. Beide sind gleich wichtig. Die körperliche Entschlackung kann zusätzlich durch den Genuß spezieller Gewürze gefördert werden.

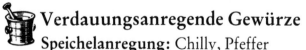

Verdauungsanregende Gewürze

Speichelanregung: Chilly, Pfeffer
Senf, Ingwer
Kardamom

Magenbelebung: Koriander, Kreuzkümmel
Chilly, Pfeffer

Kardamom, Zimt
Gelbwurzel, Bockshornkleesamen
Zwiebel, Knoblauch

Leber- und Gallenstärkung: Gelbwurzel
Senf
Zwiebel

Darmtätigkeit: Senf
Zwiebel, Knoblauch
Chilly, Pfeffer
Gelbwurzel
Nelken

 ## Pfefferwasser und Kreuzkümmelwasser
(Sri Lanka)

helfen gegen Verdauungsschwierigkeiten.

Pfefferwasser

Zutaten: *1 Teel. schwarze Pfefferkörner, 2 Zwiebeln, 2 Chillies, einige Curryblätter, ersatzweise 1 Lorbeerblatt, Zitronensaft, 3 Teel. Korianderpulver, ½ Teel. Kreuzkümmelpulver, eine Prise Salz, 3 Tassen Wasser.*

Zubereitung: Zwiebeln fein schneiden, die getrockneten Chillies in Stückchen brechen (Vorsicht bei empfindlicher Haut!). Alle Zutaten mit etwas Salz und 3 Tassen Wasser kochen. Dieser Trank sollte über den ganzen Tag verteilt genommen weden.

Kreuzkümmelwasser

Zutaten: *1 Teel. Kreuzkümmelsamen, 1 Tasse Wasser.*

Zubereitung: Wasser kochen und damit die Kreuzkümmelsamen überbrühen. Ungefähr 10 Minuten zugedeckt ziehen lassen und nach dem Essen trinken.

ENERGIE

Verdaubare Nahrung wird im Körper durch Verbrennung in Energie umgesetzt. Auf diese Weise hält sich die Körpertemperatur ziemlich konstant. Jede Bewegung, auch eine unbewußte, wie z. B. die Herztätigkeit, benötigt zusätzliche Energie. Weshalb ißt man in den tropischen Ländern meist so scharf, daß man dabei zu schwitzen beginnt? Der Schweiß kühlt beim Verdunsten den Körper ab, und man schöpft neue Kräfte. Für dieses Phänomen ist jeder, der sich todmüde fühlt und ein abgerundet scharfes Essen vorgesetzt bekommt, von Herzen dankbar. Bei hohem Blutdruck und Hyperstreß kann ein derartig energiegeladenes Essen gefährlich werden. Aus diesem Grund wird in der asiatischen Küche niemals nur Scharfes gegessen. Die Harmonie, die angestrebt wird, hat auch mit dem Energieverbrauch im Körper zu tun. Neben scharfen Speisen sollten unbedingt auch milde und neutrale gereicht werden. Ein so ausgewähltes Menü spendet dosierte Energie. Wer jedoch eine echte Energiespritze braucht, muß sich allerdings auch stechen lassen: Er muß eben wirklich scharfes Essen versuchen.

Energiespendende Gewürze
Chilly, Pfeffer
Bockshornkleesamen, Muskatnuß

Bockshornkleesamen

ist ein sehr vielseitiges Gewürz, das mit Sorgfalt behandelt werden sollte. Es schmeckt leicht bitter und findet sich in jedem guten Currypulver. Wegen seiner Mehligkeit kann man es auch zum Binden von Saucen verwenden. Große Hitze schadet dem Bockshornkleesamen, deshalb sollte er erst gegen Ende des Garens in die Speisen gegeben werden. Seine chemische Zusammensetzung entspricht in etwa der des Lebertrans.

Bockshornkleesamen stärkt bemerkenswert gut. Sehr schlanke, untergewichtige Menschen sollten ihn regelmäßig verwenden, um zuzunehmen. Er unterstützt die Verdauung, und die Nieren werden durch ihn in die Lage versetzt, ihre Filterfunktion besser wahrzunehmen. Sein Aroma ist angenehm. In einigen asiatischen Regionen verwendet man ihn als Schönheitsmittel für Haut und Haar. In unseren Breiten sollte er besonders dann in den Speisen nicht fehlen, wenn man an zu hohem Blutdruck leidet.

Palakh bhaji (Bengalen)

Zutaten: *½ kg Spinatblätter, 2 große Kartoffeln, 1 grüne Chilly, 1 Teel. Gelbwurzel, Salz, 2 Knoblauchzehen, 2 Teel. Bockshornkleesamen, etwas Öl.*

Zubereitung: Die Blätter putzen, gut waschen und nudelig schneiden. Öl in einem Topf erhitzen, zerriebenen Knoblauch etwas anrösten, dann die übrigen Gewürze dazugeben. Vorsicht! Nicht zu starke Hitze. Dann die geschnittenen Spinatblätter daruntermischen, salzen und ohne Wasser zugedeckt auf kleiner Flamme weichdünsten.

REGELUNG

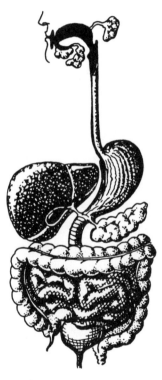

Es ist erstaunlich, wie viele tropische Gewürze regulierende Wirkung auf die verschiedensten Organe ausüben. Verdauung und Entschlackung sind zwei davon, wie Sie vorhin schon gelesen haben. Aber auch der Blutkreislauf, das Herzschlagvolumen und die Funktion vieler Drüsen können von ihnen geregelt bzw. unterstützt werden. Dabei handelt es sich selten um sofortige, drastische Veränderungen. Durch gezielte Gewürzauswahl läßt sich bei unbedeutender Änderung der Herzschlagfrequenz und des Blutdruckes das Herzschlagvolumen senken oder heben. Wird das Schlagvolumen vermindert, erzielt man eine Schonung des Herzens.

Salz ist ja schon lange als blutdruckförderndes Gewürz bekannt. Daher wird Patienten mit zu hohem Blutdruck als erstes der Genuß von Kochsalz verboten. Man sieht daraus, daß auch die moderne Medizin gerne auf alte Weisheiten zurückgreift, bevor sie mit schweren chemischen Präparaten gegen die Beschwerden ankämpft. Leider ist Salz in unserer Nahrung nach wie vor das vorherrschende Gewürz. Würde man mehr von den anderen Würzstoffen Gebrauch machen, könnte man des öfteren fast ganz auf das Salz verzichten, ohne einen Geschmacksverlust zu erleiden.

Blutkreislauffördernde Gewürze

Knoblauch
Chilly, Pfeffer
Senf, Ingwer
Salz

Knoblauchcurry (Sri Lanka)

Zutaten: *2 große Häuptel Knoblauch, geschält, 2 Zwiebeln, kleingehackt, 2 grüne Chillies, kleingeschnitten, 1 Lorbeerblatt, 2 cm Zimtrinde, 3 Kardamomkapseln, 4 Nelken, 1 Teel. Curry, 1 Teel. Cayennepfeffer, 1 Teel. Kreuzkümmelpulver, 1 Teel. Gelbwurzelpulver, 3 bis 4 Eßl. Tomatenmark, etwas Öl.*

Zubereitung: Die Knoblauchzehen werden geschält. Da sich die Schale sehr schlecht entfernen läßt, ist es praktisch, die Knoblauchzehen der Länge nach zu halbieren. So kann man mit einem Griff die gesamte Schale entfernen. Die Knoblauchzehen werden, nicht weiter zerkleinert, in etwas Öl bis zum Braunwerden geröstet.
Getrennt davon werden die kleingehackten Zwiebeln mit den feingeschnittenen Chillies, dem Lorbeerblatt, Zimt, dem aus-

gelösten Kardamomsamen und Nelken in etwas Öl geröstet. Nun fügt man die pulverisierten Gewürze hinzu und röstet alles nochmals kurz durch. In diese Mischung leert man die braunen Knoblauchzehen und fügt soviel Wasser und Tomatenmark hinzu, daß nicht zu viel Saft entsteht.

HYGIENE

Manche Bazillen schaden dem Körper, andere nützen ihm. Bei der Schädlingsbekämpfung geht es dem Körper oft wie der Natur: Durch drastische Maßnahmen vernichtet man nicht nur die schädlichen Tierchen, sondern auch die nützlichen. Die Natur gerät aus dem Gleichgewicht, und wo Hygiene ein Kult der Sterilität wird, ist dieses Gleichgewicht unmittelbar in Gefahr.

Bei der Verwendung von Gewürzen in der asiatischen Küche werden auch Kenntnisse über ihre antibakterielle Wirkung eingesetzt. Klassische Beispiele derartiger Gewürze sind wohl Gelbwurzel, Zimt und Nelken. Auch das Verhindern von Fäulnisbakterien beim Einkochen muß man nicht unbedingt chemischen Mitteln überlassen. Chilly und Senf sind genauso wirksam und gesünder, von ihrem besseren Geschmack ganz abgesehen.

 **Anitbakterielle Gewürze**
Entzündungshemmende Gewürze:
Gelbwurzel, Kardamom, Zimt, Nelken, Ingwer

Fäulnisverhindernde Gewürze:
Chilly, Pfeffer
Senf, Ingwer
Gelbwurzel
Muskatnuß
Nelken
Knoblauch

Gewürze gegen Fieber und Erkältung:
Knoblauch, Zwiebel
Chilly, Pfeffer
Ingwer, Senf
Zimt, Kardamom
Koriander

Gelber Festtagsreis (Indien)

Zutaten: *3 Tassen Langkornreis und 6 Tassen kochendes Wasser, ½ Teel. Gelbwurzel, etwas Öl oder Butterschmalz, 4 cm Zimtrinde, 4 Nelken, 1 Zwiebel, kleingehackt, 1 Eßl. Rohzucker, 1 Teel. Salz, 3 Kardamomkapseln, eine schöne Muskatblüte.*

Zubereitung: Fett erhitzen, die kleingehackte Zwiebel anlaufen lassen, dann Zimt, Nelken und Muskatblüte dazugeben. Alles rösten, bis es schön braun ist. Jetzt den Reis dazuschütten, durchrösten und schließlich mit doppelter Menge kochenden Wassers aufgießen. Hitze erhöhen, Rohzucker, Salz, Gelbwurzel und Kardamomsamen dazugeben, gut umrühren, bis alles heftig kocht. Hitze wieder drosseln, und den Reis solange ohne Deckel kochen, bis sich die ersten Reiskörner an der Oberfläche zeigen. Nun die Platte ausschalten, gut passenden Deckel auf den Topf geben, und den

Reis ca. 20 bis 25 Minuten dämpfen. Deckel während dieser Zeit nicht heben. Ist das ganze Wasser aufgesogen und der Reis weich, die oben schwimmenden ganzen Gewürze entfernen, mit einer Gabel den Reis lockern und auf eine vorgewärmte Schüssel häufen.

Früchtechutney (Sri Lanka)

Zutaten: *½ kg Äpfel, Birnen, Datteln, Zwetschken oder Mangos, 1 Teel. Ingwerpulver, 1 Teel. schwarzen oder weißen Senf, 1 Teel. Cayennepfeffer, 1 Teel. Nelken, 1 Teel. Zimt, 1 Teel. Kardamom, 500 g Zucker, 100 g Rosinen, 2 Tassen Essig, 1 Teel. Salz.*

Zubereitung: Zucker mit Essig erwärmen. Wenn der Essig kocht, alle Zutaten (Früchte, geschält und kleingeschnitten, und alle Gewürze, bis auf Senf, gestoßen) dazugeben. Nur die Rosinen noch nicht hinzufügen. Ist die Masse nach einiger Zeit dick, Salz, Senfkörner und Rosinen untermischen. Auskühlen lassen und in gut verschließbare Gläser füllen.
Schon nach 2 Wochen kann man davon kosten. Es ist wegen der vielen Gewürze und ihrer konservierenden Wirkung jahrelang haltbar und wird zunehmend besser.

Tee mit Masala (Gujarat)

Dieser Tee hilft sehr gut bei Erkältung. Er fördert das Schwitzen, und die Gewürze helfen dem Körper bei der Abwehr von schädlichen Viren und Bakterien.

Zutaten: *1 Tasse Wasser, 1 Tasse Milch, besser Kaffeeobers, weil es mehr der sehr fetten Büffelmilch, die in Indien getrunken wird, ähnelt, etwas Ingwerpulver, etwas schwarzen Pfef-*

fer, gemahlen, ein kleines Stückchen Lorbeerblatt, 4 Teel. Rohrzucker, 2 Teel. Teeblätter.

Zubereitung: Wasser mit Teeblättern und Gewürzen kochen, dann die Milch dazugeben, und den Tee solange kochen, bis er wie Milchkaffee aussieht. Den Tee abseihen und trinken.

Andere Rezepte gegen Erkältung:

Gewürztee (Sri Lanka)

Zutaten: *2 Tassen Wasser, 1 Teel. Korianderpulver, 1 gestoßene Nelke, 1 geöffnete Kardamomkapsel, etwas Ingwerpulver, ein Hauch Muskatnuß, 1 Teel. Honig, etwas Zimtpulver.*

Zubereitung: Alles solange kochen, bis nur mehr eine Tasse voll übrigbleibt.

Noch ein Rezept:

Korianderwasser (Sri Lanka)

Zutaten: *1½ Tassen Wasser, 1 Teel. Korianderkörner, 2 cm Zimtrinde, ein haselnußgroßes Stück Ingwer oder ¼ Teel. Ingwerpulver, Zucker oder Honig.*

Zubereitung: Korianderkörner fettlos in einer Pfanne rösten, dann die Zimtrinde mitrösten und zum Schluß das Ingwerpulver. Nehmen Sie frischen Ingwer, hacken Sie diesen so klein wie möglich und geben Sie ihn zusammen mit den anderen gerösteten Gewürzen in die angegebene Wassermenge, lassen Sie alles ca. 10 bis 15 Minuten kochen. Nun abseihen und mit Honig oder Zucker süßen.

THERAPIE

SEELE

Es ist beängstigend zu beobachten, wie rasch psychische und psychosomatische Krankheiten in der modernen Industriegesellschaft zunehmen. Schuld daran scheint die Isolierung des Menschen von der Natur und von seinen Mitmenschen zu sein. Die Ironie dieser Fehlentwicklung ist, daß gerade die Industriegesellschaft dem einzelnen mehr Zeit für das Miteinander bieten würde. Theoretisch hätte jeder mehr Zeit als je zuvor. Für sich, für andere und für die Natur. Doch wir können nicht mehr richtig mit der Zeit umgehen. Trotz großer Freizeit bleibt keine Zeit für das innere Leben, für die Seele. Die Psychiater wären oft brotlos, würden wir mehr Zeit z. B. fürs gemeinsame Essen und für seine Zubereitung aufwenden. Gemeinsames Kochen ist eine gute Methode, die Isolation des einzelnen zu durchbrechen.

Warum wird Kochen bei uns so abgewertet? Meiden es Patriarchen und eingefleischte Emanzen und Feministinnen, weil es überlieferte Frauenarbeit ist, die ihnen zu wenig geistvoll erscheint? Oder verhindert die zunehmende Schulbildung der Mädchen das Heranbilden von gut kochenden Töchtern? Wann haben die Kinder Zeit, der Mutter beim Kochen zuzusehen oder gar zu helfen? Ist doch die Hausfrau meistens völlig von der Familie isoliert, wenn sie kocht. Die Kinder sind in der Schule, und am Wochenende, wenn endlich die Familie zusammen ist, macht es die Mutter in den häufig winzigen Küchen nervös, wenn ihr fortwährend ein Kind im Wege steht. Die Küchentür wird also geschlossen, damit sie ungestört ihre Arbeit tun kann und daß nach Möglichkeit kein Essensgeruch in die übrigen Räume strömt.

Wie interessant wäre es doch, ihr bei ihrer vielfältigen Arbeit zuzusehen, ihr auch zu helfen. Erst so würde man erkennen, was es heißt, ein komplettes Menü herzustellen. Was für den Außenstehenden oft chaotisch wirkt, entspricht in Wirklichkeit einem gut funktionierenden Management. Jeder Schritt, jeder Griff und jeder Schnitt ist wohldurchdacht.

Hektik in der Küche ist völlig fehl am Platz, sonst geraten die Finger in Gefahr, oder Speisen verkohlen. Die brodelnden Töpfe, die Hitze der Herdplatten und nicht zuletzt die Uhrzeit sind in die Gesamtorganisation der Küchenarbeit mit eingeschlossen.

Warum öffnen wir nicht unsere Küchen? Die Hausfrau könnte bei ihrer Arbeit Anteil an der Familie oder an den geladenen Gästen nehmen, und so mancher Handgriff könnte ihr abgenommen werden. Aber auch umgekehrt, die übrigen Familienmitglieder hätten mehr von der Köchin und würden mehr Respekt vor ihrer täglichen Tätigkeit entwickeln. Und noch etwas hängt mit unserer Seele zusammen. Unser westlicher Überfluß verführt häufig zu Verschwendung. Das gilt nicht nur für den materiellen Überfluß. Auch unser Magen hat zwar gerne genug, liebt es aber ganz und gar nicht, wahllos vollgestopft zu werden. Eine im wahrsten Sinne des Wortes übersättigte Gesellschaft ist die Folge davon. Der arme

Teil der Welt wird rücksichtslos ausgebeutet, um unsere Bäuche noch mehr zu füllen und unsere Müllberge zu riesigen Gebirgen anwachsen zu lassen. Etwas weniger von allem würde meistens ein Mehr an Seelenfrieden und an körperlichem Wohlbefinden bedeuten.

KÖRPER

Wer die Eleganz und Weichheit der Bewegung der Frauen in Asien beim Wasserschöpfen, Reisstoßen oder Gemüseschneiden beobachten kann, wird immer erstaunt sein, mit welcher Gelassenheit und Grazie solch schwere Arbeiten geleistet werden. Das weist auf einen inneren Frieden hin, der sich in Fröhlichkeit und Gesang äußert. Es lohnt sich, einmal die innere Entspannung selbst zu suchen.

Wer keinen Mörser zur Verfügung hat, sucht sich ein scharfes Messer und Gemüse zum Schneiden. Achten Sie auf die innere Bewegung mehr als auf die äußere! Verkrampft Sie die Tätigkeit, oder entspannt sie? Es ist wie beim Schwimmen, Klavierspielen oder Autofahren. Tun Sie es mit heiterem Sinn und nicht, um bald fertig zu sein.

Auch die Tätigkeit des Essens hängt mit unserem Körper und unserer Beweglichkeit zusammen. Warum essen manche Völker mit Messer, Gabel und Löffel und andere mit so komplizierten Bestecken, wie Eßstäbchen, und wieder andere gar mit den Fingern? Zu den sehr verfeinerten Eßkulturen in

Asien paßt es einfach nicht, mit dem Löffel große Bissen in den Mund zu stopfen. Man hat ja im allgemeinen Zeit. Mit Stäbchen, die verlängerten Fingern gleichen, oder mit den Fingern kann man nicht schlingen und stopfen. Kleine Mengen – dafür viele individuelle Geschmacksrichtungen, lautet die Devise in Asien. Man gustiert und wählt bei jedem Bissen, weil ja jedes Geschmackselement gleichzeitig angeboten wird. Alle Sinne sind dabei aufs Essen eingestellt. Und man sitzt nicht auf einem Sessel, sondern hockt meistens auf dem Boden. Wenn dabei der Körper verkrampft wäre, könnte wohl kein Asiate auch nur einen Bissen schlucken. Der Grundsatz gilt also auch hier: weg mit jedweder Verkrampfung und Verspannung. Ein echtes Sich-Hingeben ist gesünder.

GEIST

Was ist Glück? Der Besitz materieller Güter, rege geistige Tätigkeit, Freundschaft, Liebe, ...? Die Jagd nach dem vermeintlichen Glück bringt manchmal Leere. Dann verliert man den Blick für die wirklich wichtigen Dinge des Lebens – Dinge, die realisierbar sind und den Menschen zu sich selbst führen. Ist das der Grund, warum im Westen Yoga und Meditation immer mehr Freunde finden? Doch Methoden aus fremden Kulturen einfach zu verpflanzen und sie kritiklos zu übernehmen, hieße konsumieren.

Ein gesunder Geist ist offen für alles Neue und Sinnvolle. Es ist weder eine ausschließliche Frage des Intellekts noch des Herzens, solch oppositionelle Elemente wie Gefühle und Vernunft in einer Person zu vereinen. In der Küche gelingt es jedenfalls, Körper, Geist und Seele in Einklang zu bringen. Alle Mitglieder dieser Dreiergemeinschaft sind gleichberechtigt, keines übertrumpft die anderen. Ähnlich geht es bei den asiatischen Speisen vor sich. Klug gemischte Gewürze und gekonnt ausgewählte Gerichte harmonieren miteinander. Keines nimmt den Kampf gegen seine Geschwister auf.

Vielleicht könnte der Umgang mit der asiatischen Küche in Europa als eine Art Spiegel angesehen werden, um unser Konkurrenzdenken und Streben nach mehr Bedeutung ins gesunde Gleichgewicht zu bringen. Lernen Sie die asiatische Küche kennen! Wer sich darauf einläßt, könnte seine eigene Kultur wiederfinden.

WÜRZIGE KOSTPROBEN AUS UNSERER KÜCHE

Nun sind wir zu dem Punkt gelangt, wo wir versuchen sollten, die anfangs zitierte Brücke zwischen der asiatischen und unserer Kultur zu schlagen. Unsere Großmütter wußten noch viel über die Geheimnisse der exotischen Spezereien. Alte Kochbücher, handgeschrieben, fleckig und wohlriechend, sprechen eine beredte Sprache. Damals konnte man sich nicht einfach ins Flugzeug setzen und nach Indien fliegen, um sich 12 Stunden später in einem Maharadschapalast orientalischen Genüssen hinzugeben. Man benützte die teuren Verbesserer der Speisen und des körperlichen Wohlbefindens fast ehrfurchtsvoll. Vor allem festliche Gerichte wurden mit vielen Gewürzen nach alten Regeln der Kochkunst verfeinert. Man hatte zwar nicht viel über ihre Herkunft gehört, aber man wußte etliches über ihre Wirkung in unserem Körper. Um den Magen nicht mit fettem Gänse- oder Schweinebraten zu sehr zu belasten, würzte man mit Koriander und Kümmel, natürlich vergaß man auch nicht die einheimischen Kräuter, wenn es um die Gesundheit ging. Hatte man Zahnweh, und der nächste Zahnarzt war weit, so biß man einfach auf eine Nelke, und der Zahn war für längere Zeit betäubt. Gewürze waren überhaupt sehr lange Zeit bei uns die wirksamsten Arzneimittel. Viele Kräfte der Gewürze liegen heute brach. Doch die Erfahrungen vieler Generationen von Ärzten haben ihre Wirksamkeit und Unschädlichkeit bei maßvoller Dosierung bewiesen. Eines ist sicher: Gewürze erhöhen neben ihren vielen Wirkungen die körperliche und geistige

Rezepte aus
unserer Küche

Suppen

Suppeneinlagen

Warme Vorspeisen

Kalte Vorspeisen

Salate

Fleischspeisen

Gemüse

Mehlspeisen
und
Bäckereien

80

Leistungsfähigkeit. Sie bringen Freude und bedingungslosen Genuß.

In den nachfolgenden Rezepten zeigt sich, daß sich hier bei uns einige Gewürze besonders gut etabliert haben. Pfeffer, Zimt und Nelken sind aus unserer Küche gar nicht wegzudenken. Aber für besondere Anlässe greift man auch einmal zu Ingwer, Neugewürz, Muskatnuß und Kardamom. Koriander hingegen wird fast täglich mit unserem Brot gegessen.

SUPPEN

Bosnische Gemüsesuppe

Zutaten: *10 dag Zwiebel, 2 bis 3 Knoblauchzehen, ½ kg Fisolen, ¼ kg Paprikaschoten, ½ kg Kartoffeln, ¼ kg Tomaten, 20 dag Braunschweiger, ½ l Wasser, Pfeffer, Muskatnuß, Salz, Öl.*

Zubereitung: In heißem Öl läßt man feingehackte Zwiebel und zerdrückten Knoblauch bis zum Gelbwerden anrösten. Dann gibt man die geputzten, gewaschenen und nudelig geschnittenen Fisolen, etwas später die in Streifen geschnittenen Paprikaschoten, die geschälten, würfelig geschnittenen rohen Kartoffeln und die blättrig geschnittenen Tomaten lagenweise dazu. Man gießt Wasser auf, würzt mit frisch gemahlenem Pfeffer, geriebener Muskatnuß und Salz, läßt alles weich kochen und gibt kurz vor dem Servieren würfelig geschnittene Braunschweiger dazu.

Italienische Nudelsuppe

Zutaten: *etwas Öl, 1 Knoblauchzehe, zerdrückt, ½ Zwiebel, kleingehackt, 2 Eßl. Tomatenmark, 10 dag Nudeln*

(Hörnchen, Spiralen, Muscheln usf.), Rindsuppe, Petersilie, Basilikum, Oregano, Pfeffer, etwas Zucker, Salz, ein Schuß Essig, 5 dag Parmesan.

Zubereitung: Öl erhitzen, Zwiebel und Knoblauch anlaufen lassen, Nudeln dazugeben, dann das Tomatenmark. Mit Rindsuppe aufgießen, aufkochen lassen und nun mit den angegebenen Gewürzen verbessern. Die Hälfte des Parmesans in die heiße Suppe rühren, die andere Hälfte vor dem Servieren auf die Suppe streuen.

Klare Rindsuppe

Zutaten: *½ kg Rindfleisch zum Kochen, Knochen, etwas Milz, etwas Rindsleber, Wurzelwerk (Karotte, Selleriewurzel, Petersilwurzel, Lauch), 1 kleine Zwiebel mit Schale, 6 schwarze Pfefferkörner, 5 Neugewürzkörner, 1 große Muskatblüte, 2 Kardamomkapseln, ½ getrocknete Chilly, 2 Lorbeerblätter, Salz, Muskatnuß.*

Zubereitung:

Helle Rindsuppe: Alle Zutaten, geputzt und gewaschen, außer Muskatnuß, in einen großen Topf geben, die Zwiebel ungeschält halbiert verwenden. Mit kaltem Wasser übergießen, bis alles gut bedeckt ist und auf kleiner Flamme leicht kochen. Schaum einige Male abschöpfen. Ist das Fleisch nach 1½ bis 2 Stunden weich, die Suppe abseihen und mit etwas geriebener Muskatnuß würzen. Mit beliebiger Einlage servieren.

Dunkle Rindsuppe: Wurzelwerk putzen, waschen und grob zerschneiden. Die Knochen und das Fleisch ebenfalls kurz unter kaltem Wasser abspülen.

82

Ganz wenig Fett in einem Topf erhitzen und darin Wurzelwerk und Knochen solange rösten, bis sie rundherum schön braun sind. Einen zweiten großen Suppentopf auf den Herd stellen, das angeröstete Suppengrün und die Knochen sowie das Fleisch mit der Milz und Leber und alle Gewürze außer Muskat dazugeben, mit kaltem Wasser gut bedecken und wie oben langsam köcheln lassen. Weitere Zubereitung wie bei heller Rindsuppe.

Legen Sie mehr Wert auf die Güte des Fleisches als auf die Suppe, müssen Sie zuerst das Wasser mit dem Grünzeug, den Knochen und den Gewürzen, außer Salz und Muskat, aufkochen und erst jetzt das Fleisch zugeben. Durch die heiße Brühe schließen sich die Poren des Fleisches sofort, der Fleischsaft tritt nicht aus, und das Fleisch bleibt saftig. Nach der Hälfte der Garzeit salzen. Nach dem Abseihen die Suppe mit geriebener Muskatnuß abschmecken.

SUPPENEINLAGEN

Eierwannel

Zutaten: *halbeigroßes Stück Butter, 3 Dotter, 1 Teel. Zwiebeln, feingehackt, etwas Muskatnuß, etwas zerstoßenes Neugewürz, 3 hartgekochte, feingeschnittene Eier, Salz, 6 Eiklar für Schnee, Butter für die Form.*

Zubereitung: Butter mit den Dottern abtreiben, Zwiebel, Petersilie und Gewürze sowie die geschnittenen, hartgekochten Eier dazurühren. Die sechs Eiklar zu einem festen Schnee schlagen und vorsichtig unter die Eiermasse heben. In eine mit Butter bestrichene, kleine Wanne füllen und ca. ½

Stunde bei guter Mittelhitze backen. In beliebige Stücke schneiden und in einer klaren Rindsuppe servieren.

Kohlschöberl

Zutaten: *3 dag Butter oder Margarine, 1 Dotter, 1½ Semmeln, 100 g gekochtes Selchfleisch, 100 g Kohl, 1 kleine Zwiebel, 1 Bund Petersilie, gehackt, Salz, Pfeffer, Korianderpulver, 1 Eiklar für Schnee, Butter und Mehl für die Form.*

Zubereitung: Butter flaumig rühren; mit Dotter und in Wasser eingeweichten und gut ausgedrückten Semmeln und kleinwürfelig geschnittenem Selchfleisch vermischen. Den Kohl nudelig schneiden und in etwas Fett mit Zwiebel und Petersilie weichdünsten. Mit Salz, Pfeffer und Koriander würzen und zur ersten Mischung rühren. Schnee schlagen und leicht unter die Masse heben. Das Gemenge in einer gut befetteten und bemehlten Kuchenform backen. Sollte die Masse zu weich sein, mit etwas Semmelbröseln festigen. Nach dem Erkalten in Stücke schneiden.

Grießnockerln

Zutaten: *4 dag Butter, 10 dag Grieß, 1 Ei, Salz, Muskatnuß.*

Zubereitung: Butter schaumig rühren, das Ei dazugeben, Grieß und Gewürze einrühren. Achtung, die Masse nicht stehen lassen, sondern gleich weiterverarbeiten! Salzwasser kochen und mit einem Teelöffel kleine Nockerl formen und ins kochende Wasser einlegen. Sind sie schön aufgegangen und durch und durch weich, mit einem Schaumlöffel herausnehmen und in einer heißen Rindsuppe servieren.

WARME VORSPEISEN

Gratinierter Spinat

Zutaten: *½ kg Blattspinat, Salz, 3 dag Margarine, 3 dag Mehl, 2 dl Milch, weißer Pfeffer, gemahlen, Muskatnuß, 1 Knoblauchzehe, 5 dag geriebenen Parmesan, Zitronensaft, 2 Dotter, 2 Eiklar für Schnee, 2 dag Semmelbrösel, Fett für die Form.*

Zubereitung: Spinat putzen, waschen und im Abtropfwasser mit Salz weichkochen, abseihen, abtropfen und auf eine Gratinierschüssel breiten, mit nachstehender Gratiniersauce übergießen, mit Parmesan, Brösel und Butterflocken bestreuen und bei großer Hitze auf der obersten Schiene im Backrohr überkrusten.

Gratiniersauce: Aus Margarine, Mehl und Milch eine Béchamelsauce herstellen, die man mit den oben genannten Gewürzen pikant abschmeckt. Ist sie gut verkocht, überkühlen und die Dotter unterrühren. Eiklar zu festem Schnee schlagen und vorsichtig unter die warme Masse heben.

Gemüsespieße

Zutaten: *Verschiedene Gemüse (Paprika, Zucchini, Melanzani, Tomaten, Champignons, Karfiol, Pilze, Zwiebeln), alles in Stücke geschnitten, 10 dag Frühstücksspeck in Scheiben, 10 dag Emmentaler, in Würfel geschnitten, Salz, ½ Teel. frisch gemahlener Pfeffer, eine Messerspitze Cayennepfeffer, etwas Gelbwurzel, 1 Knoblauchzehe, zerdrückt, Öl.*

Zubereitung: Das geschnittene Gemüse in abwechselnden Farben auf Spieße stecken. Dazwischen Speck und Käse geben. Eine Paste aus Öl, zerdrücktem Knoblauch, Pfeffer, Cayennepfeffer, Gelbwurzelpulver und Salz herstellen und damit die fertig vorbereiteten Spieße bepinseln.
Inzwischen Grill vorheizen, die Spieße auf den Rost legen und jede Seite ca. 2 bis 3 Minuten grillen. Wenn kein Grill vorhanden ist, Backrohr 10 Minuten auf höchster Stufe vorheizen und jede Seite der Spieße ca. 4 bis 5 Minuten braten.

Überbackener Fisch

Zutaten: *30 dag Dorsch- oder Kabeljaufilet, ½ Becher Sauerrahm, 10 dag geriebenen Emmentaler, 5 weiße Pfefferkörner, 1 schöne Muskatblüte, 2 Nelken, 2 cm Zimtrinde, 1 Teel. Senfkörner, 1 Lorbeerblatt, ein Schuß Essig, ½ Teel. Zucker, 1 Teel. Salz, 1 kleine Zwiebel, 4 Semmeln, etwas Butter und Brösel.*

Zubereitung: Sud aus Wasser, Essig und allen Gewürzen herstellen, zum Kochen bringen, das Fischfilet einlegen, Hitze reduzieren und garziehen lassen. Nicht kochen! Ist das Filet weiß und fest, herausnehmen, auskühlen lassen und in kleine Stücke zerpflücken. Sauerrahm mit der Hälfte des geriebenen Käses vermischen, etwas salzen und pfeffern und mit dem Fisch vermischen, bis eine geschmeidige Masse entsteht.
Von den Semmeln einen Deckel abschneiden, aushöhlen und innen mit Butter bestreichen. Fischmasse einfüllen, mit Bröseln und Reibkäse bestreuen, Butterflöckchen daraufsetzen und im gut vorgeheizten Rohr ca. 8 bis 10 Minuten backen.

KALTE VORSPEISEN

Gefüllte Eier

Zutaten: *4 hartgekochte Eier, 3 dag Butter, 1 bis 2 Eßl. Sauerrahm, Curry nach Geschmack, Senf, Salz, Petersilie und grüner Salat für die Garnierung.*

Zubereitung: Die hartgekochten Eier schälen, der Länge nach halbieren und Dotter vorsichtig herausnehmen. Geschmeidige Butter mit den Gewürzen gut abtreiben, die 4 Dotter und den Rahm dazugeben und alles gut vermischen. Die Eiermasse entweder mit dem Dressiersack oder mit einem kleinen Löffel in die Eierhälften füllen, mit einem Petersilienblättchen schmücken und auf gewaschenen Salatblättern anrichten.

Waldorfsalat in Äpfeln

Zutaten: *15 dag Sellerie, 15 dag Walnüsse, 5 Äpfel, Zitronensaft.*

Mayonnaise: *2 Dotter, ¼ l Öl, Salz, weißer Pfeffer, gemahlen, Worcestersauce, Zitronensaft, Senf.*

Zubereitung: Sellerie schälen und in Zitronensaft und etwas Wasser weichkochen. In kleine Würfel schneiden. Den Äpfeln einen Deckel abschneiden, Kerngehäuse ausstechen, vorsichtig aushöhlen. Das Innere der Äpfel würfelig schneiden und mit gehackten Nüssen zu den Selleriewürfeln geben.

Mayonnaise: Dotter zuerst mit dem Schneebesen gut verrühren und dann *tropfenweise* mit Öl gut vermischen. Ist die Mayonnaise schön fest, die Gewürze dazugeben, pikant abschmecken und damit die Sellerie-, Apfel- und Nußstückchen verrühren. Den Salat in die Äpfel füllen und mit Zitronenscheiben und Petersilienblättchen verzieren.

Pikante Champignons

Zutaten: *400 g kleine, weiße, geschlossene Champignons, 2 Knoblauchzehen, 1 Lorbeerblatt, Zitronensaft, etwas Öl, Salz, weißer Pfeffer, frisch gemahlen, Zitronenmelisse, Petersilie, Basilikum.*

Zubereitung: Pilze putzen, gut waschen, mit Zitronensaft beträufeln. Zerdrückten Knoblauch und Lorbeerblatt in etwas Öl anrösten, die Pilze zugeben, zudecken und bei mittlerer Hitze ca. 10 Minuten dünsten. Bitte öfter umrühren! Jetzt erst salzen und pfeffern. Nach dem Erkalten mit feingehacktem frischen Basilikum, Zitronenmelisse und Petersilie bestreuen. Auf grünen Salatblättern servieren.

SALATE

Blaukrautsalat

Zutaten: *1 kg Blaukraut, fein gehobelt, 4 Eßl. Apfelessig, 3 Eßl. Öl, 3 Teel. Zucker, 1 bis 2 Teel. Salz, 1 kleine Zwiebel, etwas Muskat, 4 Nelken, fein zerstoßen, 1 gehäufter Eßl. Ribiselgelee.*

Zubereitung: Das rohe, feingehobelte Blaukraut mit den oben genannten Zutaten vermischen. In einer Glasschüssel anrichten, eventuell mit Zwiebelringen garnieren. Dieser Salat sollte mindestens eine Stunde ziehen.

Roter Rübensalat

Zutaten: *1 kg gekochte Rote Rüben, 3 Eßl. Apfelessig 2 Eßl. Öl, 1½ Teel. Salz, 3 Teel. Zucker, 3 Nelken, fein gestoßen, einige Scheiben Kren.*

Zubereitung: Die gekochten Roten Rüben schälen und in feine Scheiben schneiden. Eine Marinade aus den oben angegebenen Zutaten bereiten und damit die Roten Rüben vermischen. Einige Krenscheiben dazugeben.

Chinakohlsalat

Zutaten: *1 mittlerer Chinakohl, 4 Eßl. Kondensmilch, 3 Eßl. Essig, 2 Teel. Senf, schwarzer Pfeffer, frisch gemahlen, etwas gehacktes Bohnenkraut, 1½ Teel. Salz, 3 Teel. Zucker, 1 Messerspitze Cayennepfeffer.*

Zubereitung: Chinakohl feinnudelig schneiden. In einer Schüssel Kondensmilch mit Senf gut verrühren, dann die übrigen Gewürze dazugeben, zum Schluß den Essig. Alles gut vermischen und kurz vor dem Servieren den abgetropften Chinakohl darin vermischen.

FLEISCHSPEISEN

Gefüllte Kalbsbrust

Zutaten: *1 kg unterhobene Kalbsbrust, Salz, weißer Pfeffer, frisch gemahlen, eine Prise Zimt, eine Prise Neugewürz, ein Hauch Muskatnuß.*

Fülle: *2 bis 3 Semmeln, 4 dag Butter, 1 Ei, etwas Milch, Petersiliengrün, fein gehackt, Salz, geriebene Muskatnuß,* *gemahlener schwarzer Pfeffer, 3 Eßl. grüne Erbsen, 5 dag kleinwürfelig geschnittener Schinken, 10 dag Champignons, blättrig geschnitten.*

Zubereitung: Die Kalbsbrust innen mit den Gewürzen bestreichen und mit nachstehender Masse füllen. Außen ebenfalls gut würzen, in heißem Fett rundherum gut bräunen und schließlich im vorgeheizten Rohr ca. 1 bis 1½ Stunden braten.

Fülle: Semmeln kleinwürfelig schneiden, in einen Antrieb von Butter und Ei geben, mit Milch, gehackter Petersilie, Salz, Muskatnuß und Pfeffer vermischen. Grüne Erbsen halbweich in etwas Salzwasser kochen, die blättrig geschnittenen Champignons in etwas Butter dünsten. Nun alles mit würfelig geschnittenem Schinken in die Semmelmasse kneten. Die Fülle in die Tasche der Kalbsbrust drücken, die Öffnung mit Baumwollgarn zunähen und braten.

Rindsrouladen in Rahmsauce

Zutaten: *4 Rindsschnitzel, dünn und groß, Salz, Pfeffer, frisch gemahlen, Senf, eine mittlere Zwiebel, eine Petersilienwurzel, etwas Selleriewurzel, ¼ kg Karotten, 10 dag Gewürzgurken, 15 dag Selchspeck, ¼ l Sauerrahm, 2 bis 3 Teel. glattes Mehl, 1 Eßl. Chutney (siehe Kapitel Appetit), 1 Eßl. Tomatenmark, 1 Eßl. Preiselbeerkompott, 2 Nelken, gestoßen, eine Prise Zimt, etwas Muskatblüte, gestoßen.*

Zubereitung: Schnitzel von Fetträndern befreien, auf beiden Seiten etwas klopfen sowie mit Salz und Pfeffer bestreuen. Die so hergerichteten Schnitzel auf einer Seite mit Senf bestreichen.

Zwei Drittel der Karotten in ca. 5 bis 6 cm lange, dünne Stäbchen schneiden, auch die Hälfte der Gewürzgurken sowie des Specks so herrichten. Diese drei Zutaten in vier gleich großen Portionen auf die Schnitzel legen, einrollen und mit einem Baumwollgarn oder mit kleinen Metallspießen verschließen.

Nun in den Drucktopf oder in einen normalen Topf kleingeschnittenen Speck geben und ihn glasig werden lassen, dann die gehackte Zwiebel dazugeben und anrösten und schließlich die blättrig geschnittene Petersilienwurzel, Karotten, Gewürzgurken und die Sellerie mitrösten. Ist alles rundherum schön braun, die Rouladen dazugeben und mit Chutney, Preiselbeeren, Nelken, Zimt, Muskatblüte, etwas Senf und Tomatenmark würzen, etwas Wasser aufgießen, den Topf verschließen und das Fleisch weichdünsten. Im Drucktopf dauert dies ab dem Pfeifen ca. 3 bis 4 Minuten. Dünstet man die Rouladen in einem normalen Topf, muß man mit einer ungefähren Garzeit von 45 Minuten rechnen. Ist das Fleisch weich, die Rouladen aus dem Topf nehmen, die Sauce mit allen Ingredienzen in ein Haarsieb schütten und durchpassieren. Den Sauerrahm mit dem Mehl und etwas Wasser glattrühren. Die passierte Sauce zum Kochen bringen, den Rahm dazugeben und alles gut verrühren. Die Sauce muß nun einige Minuten richtig kochen, sonst schmeckt man das Mehl. Ist sie gut verkocht, die Rouladen wieder in die Sauce geben, heiß werden lassen und servieren.

Sugo für Pasta asciutta

Zutaten: *30 dag Faschiertes, 3 Eßl. Öl, 1 Zwiebel fein gehackt, 4 Knoblauchzehen, zerdrückt, Wurzelwerk (2 mitt-*

*lere Karotten, 1 Petersilienwurzel, ein kleines Stück Sellerie),
eine große Dose Tomatenmark, Salz, 1 Teel. Zucker, schwarzer Pfeffer, frisch gemahlen, 1 Teel. Salbeiblätter, zerrieben,
1 Teel. Oregano, zerrieben, ¼ Teel. Zimtpulver, 3 Nelken,
gestoßen, 1 Teel. Rosmarin, zerrieben, 10 dag Parmesan,
etwas Milch.*

Zubereitung: Geriebenen Zwiebel in Öl anrösten, geriebenes Wurzelwerk dazugeben, gut verrühren und leicht anrösten, dann das Faschierte mit dem gerösteten Gemüse vermischen, alle Gewürze untermischen, etwas Wasser aufgießen
und dünsten lassen. Das mit Milch verdünnte Tomatenmark
dazugeben und alles noch etwas kochen. Einen Teil des Parmesans einstreuen, gut verrühren und mit al dente (halbweich) gekochten Spaghetti und Parmesan servieren.

GEMÜSE

Gefüllte Paprika in Omelettenteig

Zutaten: *4 große grüne Paprikaschoten, 2 große Zwiebeln, 1 Tasse geriebenen Emmentaler, 4 Eßl. Öl, 1 Eßl.
Majoran, 1 Eßl. Basilikum, 4 Oliven, Salz, Pfeffer, frisch
gemahlen, ½ Teel. Kreuzkümmel, Muskatnuß, etwas Bröseln, etwas Butter.*

Omelettenteig: *4 Eier, ca. ¼ l Milch, ca. 8 bis 10 dag glattes
Mehl, ½ Teel. Backpulver.*

Zubereitung: Paprika aushöhlen, waschen, mit gehackten
Zwiebeln, Gewürzen, zwei Dritteln des Reibkäses und den
Oliven füllen. Omelettenteig herstellen, die gefüllten Paprika

in eine befettete Auflaufschüssel stellen, mit dem Omelettenteig übergießen, mit Käse, Bröseln und Butterflocken
bestreuen und im vorgeheizten Rohr ca. ½ Stunde backen.

Portugiesische Lasagne

Zutaten: *Entweder eine Packung Lasagne kaufen oder
Nudelteig selber herstellen.*

Nudelteig: *2 ganze Eier, 2 Eßl. Milch, 500 g Mehl.*

Tomatensauce: *500 g Tomaten, 2 Zwiebeln, 3 Knoblauchzehen, 1 gehäufter Teel. Thymian, 2 Lorbeerblätter, 3 Nelken,
Salz, Pfeffer, 3 dag Butter, 3 dag Mehl, 125 g Champignons,
1 Zitrone, 150 g Schinken, klein geschnitten, 125 g Parmesan,
Butterflocken.*

Zubereitung:
Nudelteig: Alle Zutaten verkneten, den Teig dünn auswalken und in 4 cm breite Streifen schneiden. Trocknen lassen
(am besten über Nacht). Einen großen Topf mit Salzwasser
kochen und Lasagne ca. 10 Minuten gar ziehen lassen. Die
Streifen sollen noch beißfest (al dente) sein.

Eine Gratinierschüssel befetten und lagenweise Lasagne,
Tomatensauce und Parmesan einfüllen. Mit Nudeln beginnen
und ebenso abschließen. Käse darüber streuen, Butterflocken
darauf geben und im sehr heißen, vorgeheizten Rohr (ca. 270
Grad) ca. 15 Minuten backen.

Tomatensauce: Tomaten überbrühen und schälen. Feingehackte Zwiebel mit Knoblauch anrösten, geschnittene Tomaten und Gewürze dazugeben und so lange kochen, bis die
Tomaten ganz weich sind. Nun das Tomatengemisch durch

ein Haarsieb passieren und mit zerlassener und mit Mehl vermengter Butter binden.

Champignons putzen, blättrig schneiden und in Butter mit Zitronensaft 10 Minuten dünsten. Wenn sie gar sind, zusammen mit kleingeschnittenem Schinken in die Tomatensauce rühren.

Zucchinigemüse

Zutaten: *½ Zucchini, 1 kleine Melanzani, 4 Tomaten, 1 Zwiebel, 4 Knoblauchzehen, Salz, Pfeffer, Basilikum, 2 Eßl. Tomatenmark oder Chutney (siehe Kapitel Appetit).*

Zubereitung: Zucchini und Melanzani waschen und ungeschält in dickere Scheiben (ca. ½ cm) schneiden. Zwiebel hacken, in Öl etwas anrösten, Knoblauch dazugeben und ebenfalls etwas anbraten. Nun die vorbereiteten Gemüsescheiben mit zerschnittenen Tomaten in den Topf geben. Alle übrigen Zutaten hinzufügen und alles ca. 20 Minuten ohne Wasserzugabe weich dünsten.

MEHLSPEISEN UND BÄCKEREIEN

Reisauflauf mit Äpfeln

Zutaten: *200 g Rundkornreis, 1 l Milch, eine Prise Salz, 120 g Margarine oder Butter, 80 g Zucker oder Honig, Schale einer unbehandelten Zitrone, 2 Dotter, 2 Eiklar für Schnee, 400 g blättriggeschnittene Äpfel, Zimtpulver, etwas Muskatblüte, gestoßen, 2 Nelken, gestoßen, Bröseln.*

Windmasse: *3 Eiklar, 210 g Zucker.*

Zubereitung: Reis in Milch und etwas Salz weichkochen und auskühlen lassen.

Inzwischen Butter, Zucker und geriebene Zitronenschale flaumig rühren, nach und nach die Dotter einrühren und schließlich den kalten Reis dazumischen. Schnee schlagen und vorsichtig unterziehen.

Eine Auflaufschüssel gut befetten und mit Bröseln bestreuen. Die Hälfte der Reismasse einfüllen, dann die Äpfel mit den Gewürzen daraufschichten und mit dem restlichen Reis abdecken. In mäßig heißem Rohr ½ bis ¾ Stunden backen. Ungefähr 20 Minuten vor Ende der Garzeit die inzwischen vorbereitete Spanische Windmasse als Haube aufspritzen und fertigbacken.

Spanische Windmasse: Eiklar zu sehr festem Schnee schlagen und ein Drittel des Zuckers fest einschlagen. Den restlichen Zucker nur leicht einrühren.

Topfenauflauf

Zutaten: *100 g Topfen, 100 g Butter, 100 g Zucker, 3 bis 4 Dotter, Schale einer unbehandelten Zitrone, Muskatnuß, ½ Teel. Zimtpulver, 100 g Mandeln, 3 bis 4 Eiklar für Schnee, Butter und Mehl für die Form, Zucker zum Bestreuen.*

Zubereitung: Butter flaumig rühren und abwechselnd mit Dottern und Zucker gut verrühren. Nun den Topfen, die geschälten, geriebenen Mandeln und die geriebene Zitronenschale sowie die Gewürze dazugeben. Schnee schlagen und vorsichtig unterziehen. Die Masse in die befettete und bemehlte Form füllen und ca. ¾ Stunden im Rohr langsam backen. Den fertigen Auflauf mit Zucker bestreuen. Mit Kompott servieren.

Gewürzkekse

Zutaten: *16 dag Mehl, griffig, 10 dag Butter, 6 dag Zucker, 1 Dotter, 2 Nelken, gestoßen, ¼ Teel. Zimtpulver, 2 Kardamomkapseln, 1 Eiklar, 2 dag geschälte, halbierte Mandeln.*

Zubereitung: Mehl auf Brett sieben und mit kalter, kleingeschnittener Butter, Zucker und den Gewürzen rasch zu einem Mürbteig kneten. In ein feuchtes Tuch einwickeln und in den Kühlschrank stellen. Nach dem einstündigen Rasten den Teig auf ca. 2 mm Stärke auswalken und beliebige Formen ausstechen. Mit Eiklar bepinseln und mit Mandeln verzieren. Die Kekse auf einem unbefetteten Blech hell backen.